SHODENSHA
SHINSHO

動乱期を生きる

内田 樹
山崎雅弘

祥伝社新書

はじめに

みなさん、こんにちは。内田です。

本書は戦史・紛争史研究家の山崎雅弘《やまざきまさひろ》さんとの現代の日本と世界の政治をめぐる対談です。

山崎さんとはもう知り合って10年になります。僕よりはるかにお若いし、専門分野もまるで違うのですが、彼とは多くの論件について意見が一致します。たぶん、僕たちの「意見」が、頭の中でこしらえたものではなく、身体実感を言語化したものだからではないかと思います。

身体実感というのは、たとえば「言っていることは筋が通っているようだけれど、聴いているうちに鳥肌が立ってきた」というような経験のことです。聴いているうちに、読んでいるうちに「息苦しくなった」とか「胃が縮んだ」とか、そういう身体感覚を僕は最優先しています。「そういう考え方」に従うと命を削ることになると身体が告げている。ですから、そういう言葉が行き交う場からはとりあえず逃げ出すことにしています。

その点が、山崎さんと僕はよく似ています。山崎さんは高校に入って、そこでの理不尽《りふじん》な決まり事に耐えられなくて、すぐに高校をやめて働き始めてしまう。僕も同じような経歴の人間です。「どうして高校をやめたの？」とこれまで何度も訊《き》かれましたが、うまく答えられたことがありません。頭で考えて出した結論ではないからです。「ここで我慢すると、人間として本当に大切なものが壊れてしまう」という直感に従ったのです。

「人間として本当に大切なもの」とは何だったのか。高校生の僕にはわかりませんでした。でも、ここで「無意味なジョブ」（受験勉強のことです）に耐えることは「身体に悪い」ということはわかりました。別に受験勉強がそれほど苦手だったわけではありません（割と得意でした）。でも、10代の自分をこの苦役によって疲弊《ひへい》させることは「身体に悪い」と思った。それについては、はっきりと「嫌だ」という意思表示をすべきだと思ったのです。

詳しく訊いたことはありませんが、たぶん山崎さんも似たような経験をされたのではないかと思います。

僕は家出してしばらく働いたあとに「中卒労働者として最低賃金で働くより、受験勉強のほうがはるかに楽だ」という（当たり前のこと）に気づいて、家に戻り、検定試験を受けて大学に進学することになりました。でも、一度はっきりと「嫌だ」と言い切ったあとに再開した受験勉強は、なぜかもうそれほど苦役でもありませんでした。

　ともかく、山崎さんも僕も、16歳くらいの時に「嫌なものは嫌だ」という意思表示をして、周りの人たち全員の反対を押し切って自分の思い通りに生きたことがある。その「わがまま」なところが似ています。


　そういう二人が対談しています。お読みになるとわかると思いますが、僕たちはほとんどどんな論件についても意見が違うということがありません。「相手に反論する」という場面は本書の中にはたぶんひとつもないと思います。

　もともと「わがまま」な二人ですから、相手に「迎合する」というようなことはするはずがありません。たぶん聴いているうちに「なるほど、そういう考え方もあるのか」と思って、記憶庫にアーカイブして「そのうちにこの考え方の適否について検討してみよう」と思っているのでしょう。相手と自分の合意点を見つけ出して喜ぶのではなくて、相手の口から「自分では思いつかなかった言葉」を聴いて、それを知的資源として受け容れる。

　そこに対話の豊穣性と開放性は存する。僕はそんなふうに思います。

　読者のみなさんには、対談の内容ももちろんご理解頂きたいのですけれども、山崎さんと僕の対話の「マナー」それ自体を「開かれた対話」の一例として読んで頂ければさいわいです。

２０２５年１月

内田　樹

目次　動乱期を生きる

はじめに　内田 樹　3

第1章　倫理的崩壊の危機　13

倫理のタガが外れた現在の日本の中枢
知性の働きで大切なのは焦点距離の伸縮
現状追認を促すコメンテーターとインフルエンサー
専門家の批評をお笑い芸人が笑いで打ち消す構図
暴論や詭弁に商品価値が生まれる理由
メディアの大勢迎合の転換点は２０２１年の東京オリンピック
ＮＨＫは報道部よりもドラマ班のほうが気骨がある

第2章

地に落ちた日本の民主主義

タクシー運転手はなぜ断定的に話すのか
国民が愚鈍で無気力になるほど統治コストは安くなる
日本もアイデンティティ・ポリティクスに蝕まれている
人間の卑しい部分をも肥大させるインターネット
内部告発者のいない組織ほど危険
第二次安倍政権で底が抜けた日本社会
気づけばパワークラシーの国になっていた
メディアは情報を秘匿し、政治家は暴言で人気を得る
「強そうな指導者」を求める国民心理
管理を強化すると国力は衰える
過去に例のないいかがわしさが露呈した都知事選2024
安倍晋三も小池百合子もじつは「小物」
まっとうな論理が失われ、詭弁だけが残った
なぜ英BBCが日本のスクープを連発するのか

第3章 教育システムの機能不全

日本人は連立方程式を解くのが苦手
シナリオは一種のみ、検証は皆無
世襲が三代続けば〝貴族〟
軍備増強の背後に存在する財界人の金銭欲
国歌斉唱を組織マネジメントで語る暴力性
個を殺さず大人になることが困難になった日本
トップダウンの集団は非常時に脆い
エリートの傲慢が大量の死者を生んだ
反論できなくても身体は違和感で抵抗する
上位者による過剰な管理は集団の健康を害する
国益の増進＝自己犠牲ではない

第4章　動乱期に入った世界　179

軍事行動のルールを変えたプーチンとネタニヤフ
正義とは「程度の差」である
アメリカがイスラエルを支持する理由
欧州にはホロコーストの反省とイスラエル建国の責任がある
中東の未来は誰も予測できない

第5章　自ら戦争に歩み寄る日本　209

いかにして総力戦を回避するか
戦争で損壊した身体を持つ兵士が日常に戻ってくる
軽薄な帝国陸軍賛美のムードが戦争の下地になりかねない
第二次世界大戦期の大日本帝国にはなかった「人命尊重」の観点
米軍との一体化は自衛隊の下請け化
日本の財界人は内心で戦争を待ち望んでいる？
もしも日本が中国の属国になったら

中国は古来西へ向かう国だった
ディストピアについて語る意味

第6章 2024年の衝撃

259
トランプ再選は、平等よりも自由が選択された結果
真の敗者はハリスではなくバイデン
存在しない過去を目指して退行する世界
シンプルで断定的な答えを欲しがる民衆
トランプの野望は〝アメリカ国王〟
日米安保は同床異夢の条約
衆院選の敗北は自民党にとっては「小さな成功」
悪意で選挙を弄ぶ人たち
オールドメディアの存在意義

第7章　思考停止に陥る前にできること　291
植民地教育に通じる日本の英語学習
絶望してあきらめれば事態は悪くなるばかり
三流腐敗国家の悪政は必ず滅びる

おわりに　山崎雅弘　308

構成　阿部花恵
本文DTP　アルファヴィル・デザイン

第1章

倫理的崩壊の危機

倫理のタガが外れた現在の日本の中枢

山崎　50年以上この国で生きてきて、今ほど「国政の中枢で善悪の基準が壊れている」「倫理のタガが外れている」「社会の底が抜けている」と感じたことはありません。

とくにこの数年間で次々と明らかになった、政権与党の組織的な裏金作りや、政権与党と外国カルト教団の長年にわたる互助関係など、政治の堕落は今までとは違う、悪い意味で新しいフェーズ（段階）に入ったように感じています。ふつうなら内部の誰かが「さすがにこれはおかしいよね」とストップをかけるような事例が、当たり前のように次々と起きている。内部で誰もストップをかけず、誰も責任を問われない。そんな、気持ちの悪い時代の空気を感じています。

自民党政権が長期化しても、民主党に政権を譲る前には、最低限の越えてはならない線が党内にあったはずです。権力をフルに悪用しようと思えばできるが、さすがにこの線は越えないようにしよう、という最低限の節度があった。制度上100の権力があっても、自分のために使うのはせいぜい50か60くらいだった。そうした自制心のようなものがあったように思います。

ところが、2012年に第二次安倍《あべ》政権がスタートし、2010年代後半あたりから、制度上100の権力があるならフルに100すべてを自己利益のために使ってしまえ、それを国民が許すなら、制度上の権力を逸脱して財界などと癒着し、本来許されないはずの130でも150でも権力を使って何が悪い、と法律や良識の境界線を平気で踏み越えて私益を追求するようになりました。政治の節度が崩壊したことで、その悪影響は官界や財界などにも波及している様子です。

私は戦史・紛争史研究家として国内外で起きた動乱の歴史を構造的に分析・研究し、そこから教訓を見出すことを生業《なりわい》としていますが、今の日本は非常に重要な分岐点をもう通過したという実感があります。私たちが昭和の大日本帝国時代を振り返って、「あの時代はなぜあんなに異常だったのだろう」「なぜ当時の一般市民は社会の異常さに適応し、国の転落に加担してしまったのだろう」と考えるように、今の時代も数十年後の日本人からそんなふうに思われるであろうという「動乱の時代」に、すでに踏み込んでしまった。

こうした問題意識を胸に抱く、2020年代を生きるひとりの人間として、今の日本が抱えるさまざまな問題点を内田さんと共に整理することで、あらためてこの社会の向かう未来について考えていきたいと思っています。

内田　おっしゃる通りだと思います。山崎さんは今の日本が大日本帝国時代、つまり19

30年代と似ていると指摘されましたが、僕も同感です。社会の仕組みは違っていても、国民のマインドが似てきている。ほとんどの人が思考停止していて、今何が起きているのか、これから何が起きるのかについて考える気をなくしているように見える。

山崎　強い力を持つ上位者に従う、という受け身の思考は、実質的に思考停止だという自覚がないまま、権力を握る政治の中枢だけでなく一般市民も、そうした思考停止や判断停止に陥っていると感じます。思考と行動の自律性が失われてしまった。状況に異変を感じたら、それに対処するアクションをとるべきなのに、社会の階層序列の上から下まで、自分の頭で判断するのを止め、異変に対処せず、唯々諾々《いいだくだく》と流れに従うだけになっている。

最近の自動車は、センターラインを踏み越えるとピピッと警告音が鳴りますよね。あの機能は確かに楽なのですが、今の日本では越えてはいけない白線を越えても警告音が鳴らなくなった。もしくは、鳴り続けているのに誰も気に留めていない。そうなった原因は一体どこにあると思われますか。

内田　空間意識も時間も縮減しているというふうに思えます。視野が小さくなっている。広い世界的な視野の中でものを見る習慣も、長い歴史的文脈に即してものを見る習慣も失っている。狭い視野、短い時間枠組みの中でものを見ている。主観的には一生懸命目を凝《こ》らして対象を見ているつもりなのでしょうけれども、地図もないし、文脈もないまま観察しているのですから、目の前にある出来事が何を意味しているのか全然わからない。本人は「目の前の現実を直視しているからオレは『リアリスト』だ」と思っているかもしれないけれど、ただ現実を見ていたって、意味がわからないなら見ていないと同じです。

車のブレーキがそもそも何のためにあるかというと、「前方に何か危ないものがありそうな気がする。このまま進んではだめだ」と運転手が少し未来にフライングしてどうするかを判断できるからです。遠くにあるもの、まだしばらくは出会わないはずのものが今見えるからブレーキを踏む。自分の直前しか見ていない人はブレーキを踏むという動作そのものができない。今の政治家はほとんどが「次の選挙での議席確保」のことしか考えていない。どれほど広い歴史的視野を持とうと、堂々たる政治的見識を備えていようと「落選したら全部おしまい」なのだとしたら、そんなものには副次的な意味しかない。そういう考え方をすることをリアリズムだと思っている。

これは企業経営者の「当期利益至上主義」と同じ構造です。「10年後のわが社」なんて考えている経営者はいません。今期の経営戦略が失敗して、売り上げが落ちて、株価が下がったら、馘《クビ》になるんですから、「10年後」のことなんか考えても仕方がない。

官僚も同様です。本来であれば、浮き世のやりくりで忙しい政治家に代わって、50年後、100年後の国のあり方を考え、政策の適否を検討することが官僚の仕事だったはずです。次の選挙のために駅立ちしたり、自転車で走り回っている政治家には「国家百年の計」を熟考している暇がない。だから、次の選挙のことなんか気にしないで、長いタイムスパンで国のことを考えられていたはずなのですが、でも、いつの間にか官僚たちも政治家と同じくらいに狭い視野でしか思考せず、判断しなくなってきた。自分のキャリアを考えたら、「国家百年の計」を熟慮するよりも、いま権力を持っている人間に取り入るほうが話が早い。そんな「イエスマン官僚」ばかりになってしまった。

とくに司法への国民の信頼の失われたことが第二次安倍政権以来の特徴だと思います。検察が権力者や支配層に「忖度《そんたく》」して、一般市民なら処罰される罪を犯しても、権力者とその周辺にいる人々は刑を免《まぬが》れるということが多発している。そのような不公平なふるまいの代償として、権力者に甘い検察官が異例の出世を遂げている。「法の下《もと》の平等」が失われているということを国民の多くが実感している。これは後進国ではよく見られる光景ですけれども、僕の記憶している限り、戦後日本でここまで検察が腐敗したことは過去になかったと思います。

知性の働きで大切なのは焦点距離の伸縮

山崎　思考が受け身になった結果、国民一人ひとりが物事を捉《とら》えるタイムスパンが短く、視野が狭くなっているというのは、私も常々感じるところです。

動画ではなく、静止画的な捉え方とでも言えるでしょうか。静止した写真だけで状況を判断して「自動車から前方の障害物までまだ20メートルも距離がある」と考えて油断し安心する。とりあえず大した問題ではないのだということにして対処を先送りにする。でも、動画で観ると、たった20メートルの距離しかなければ、時速50キロで2秒も経たずに障害物に激突します。

状況は常に変化しているという時間軸の観点がなく、この先もずっと20メートルの距離は変わらないかのように、事態を甘く見る人が多い。将来を見通す想像力が、社会全体で著《いちじる》しく衰えたのかもしれません。

車を運転する時、一定の車間距離を空けて走るのは、前を走る車やその前、さらにその前を走る車に異変が生じて急激に減速した時、ブレーキを踏めば追突を避けられるという、想定外の事態に対処するための余裕です。車間距離を空けて走るよりも、みんながギリギリまで詰めて走ったほうが、合理的あるいは効率的であるように思えますが、実際にはそれぞれの車が一定の車間距離を置いて走ることで、全体として事故の発生リスクを減らせるし、各車のドライバーも心理的に余裕を持って運転できます。

なのに、車を運転していると、異様なほど車間距離を詰めて走っているドライバーを時々見かけます。前の車が少し減速するたび、いちいちブレーキを踏んで赤いブレーキランプをピカピカと点灯させて走っていますが、余計なブレーキを踏む回数が増えれば増えるほど、ガソリンの無駄も大きくなります。車間距離を空けていれば、アクセルを緩《ゆる》めるだけで対処できますが、いわゆる「あおり運転」のような車間を詰める走行は、事故のリスクが高くなるだけでなく、燃費も悪くなって、合理的でも効率的でもない。

今この瞬間だけでなく、少し先まで想像力を働かせ、また道路上の関係性だけでなくガソリンの燃費や心理的ストレスなども含めて広い視野で自分の状況を俯瞰《ふかん》できれば、車間を詰めて走る「あおり運転」のような走り方は、現実にはマイナス面だらけの愚かな行為だと気づくはずです。

こんな余裕のない風潮が強まった理由を考えると、日本社会に根を張る狭い損得勘定に起因しているように私も思います。先ほど指摘されたように、政治家も官僚も財界人も、一般の市民も、当座の利益という狭い損得勘定に思考を囚《とら》われて、短期の合理性ばかりを追求するようになった。しかも、それは常に「ライバルとの競争」なので、短期の合理性追求に意識を集中したほうが自分にとって有利になる、得になると思い込んでいる。

そんな競争に身を置いてしまうと、社会全体がおかしな方向へ逸脱していると感じても、競争で自分が不利になるような余計なことは考えず、思考や判断を停止して状況への適応に集中したほうが、有利なポジションにつけると思ってしまう。疑問に感じて立ち止まると、競争で出遅れて順位が落ちる恐れがある。そんな漠然とした不安と打算に人々の心が支配された結果、社会の自浄能力がいつのまにか失われた気がします。

内田　僕は知性の働きの中で最も大事なことのひとつは「焦点距離の伸縮」だと思っています。近い距離から対象を熟視したあとに、今度は身を引いて大きくバックステップして、遠方から同じ対象を見直す。あるいは前後数年、場合によっては数十年、数世紀まで観察範囲を広げて、目の前の起きている出来事がどういうふうにして生成して、どう変化してゆくのかを観取する。そうした広々とした知性の働かせ方ができる人が本当に少なくなったと感じます。

これは政治的立場に限りません。同じことは左翼の人たちの言説を読んでいても感じます。左翼もまた同じ焦点距離でしか物事を記述できないし、分析できない。焦点距離を自在に変えながら現下の出来事を論じられる人が本当に少ない。でも、政治的行動の多くはそれぞれの集団に固有の「物語」の枠組みの中で起きます。だから、外から見ると、似ても似つかぬ出来事のように仮象しながら、じつは同一パターンを執拗《しつよう》に繰り返すということが起きる。表層的にはまったく別物なのだけれど、じつは「同じこと」が繰り返されている。マルクスが言うように、政治的激動期に登場するスローガンやアイディアは古い舞台衣装の何度目かの使い回しなんです。

トランプの「アメリカ・ファースト」は、じつは第二次世界大戦中のアメリカでリンドバーグ大佐のような親独派・反戦派の人たちが唱えたスローガンでした。それも源泉は、独立時の「連邦派」と「州権派」の対立にまで遡る。ヴァージニア州に英国軍が侵攻した時に、コネチカット州が「うちに来たわけじゃないから」という理由でヴァージニアを見捨てることは許されるのかという当時のホットな議論は、結局は今にいたるまで決着がついていない。だから、繰り返しアメリカでは「内戦」が話題になるわけです。

そういう何百年という長きにわたって生き延びているオブセッション（強迫観念）がしばしば集団を動かしている。ですから、表層の変化に惑わされず、「『これ』は『あれ』だな」というパターン認識が必要なんです。でも、そういう知性の使い方をする人がとても少ない。

現状追認を促すコメンテーターとインフルエンサー

山崎　とても大事なご指摘だと思います。現実の物事を左右する要素は、時代と共に変化するもので、ある時代の社会的問題についての分析は、別の時代にはそのまま適用できないことが少なくありません。ある時代には的確だとされた社会問題の解析が、そのまま現代にも当てはまるとは限りません。

その一方で、特定の要素が現実社会に影響を及ぼすメカニズム自体は、時代が変わっても共通のパターンを内包している場合が多い。これは、過去の戦争や紛争を研究しているとしばしば気づくことですが、戦術や兵器は時代と共に変化しても、勝利に繋《つな》がる戦略の本質的な部分は、孫子《そんし》の時代から現代まで、一定のパターンとして継続しているように思います。

けれども、昨今のメディアで大きく取り上げられるのは、そうした本質的なパターンの話ではなく、個別の案件を表層的にもっともらしく理由付けするような、いわば戦術的な解説ばかりだと感じます。その種の理由付けの結論は大抵、今現在において支配的な立場にある個人や組織を正当化する、現状追認になります。

今、ある個人や組織が競争に勝って支配的地位にあるのは、これこれの理由で正しいからだ。正しいがゆえに勝者となったのであり、それに疑問を抱くのは敗者のひがみだと、実際には構造的な分析など何もしていないのに、全体像を説明したかのようなもっともらしい現状追認の結論に誘導する。

こうした傾向は、説明者が無自覚にやっている場合もありますが、最初から「権力側についたほうが自分にとって得が多い」と判断して、意図的に現状追認の理由付けをしている人もあちこちで見かけます。強い力を持つ者に迎合して、現在の秩序を変えない前提に立ち、自分の得意分野に引きつけて体制側を正当化する言説を語る。テレビで見かけるコメンテーターやネットのインフルエンサーに、このタイプが多い。そういう人たちばかりがメディアで発言力を持ち、状況をより一層悪化させる役割を演じている。

内田　ＳＮＳ上で発信するインフルエンサーがこれだけの影響力を発揮できるようになった最大の理由は、大手メディアから批評性が失われてしまったことだと思います。

僕は２０１２年と13年に朝日新聞の紙面審議委員をしていました。その時点で朝日新聞は、毎年５万部ずつ発行部数を減らしていました。年に５万部も減少しているというのは、かなり深刻な事態だと僕は思ったので、「こんなに急激な減り方で大丈夫ですか？危機感はありませんか？」と委員会の席上で訊いたことがあります。その時に編集幹部から「内田さん、毎年5万部ずつ減っても800万部がゼロになるまでに160年かかりますから」と一笑に付されました。でも、実際にはそんなペースでは済まなかった。2024年6月時点では約340万部ですから、10年で60パーセント部数を失ったことになる。

問題は単に全国紙の売り上げが減ったという事実そのものにあるのではなく、記者たちが、自分たちの生業がその歴史的意義を失って消滅しつつあるということを直視できず、分析できず、報道もできなかったというメディアそのものの「報道力」の劣化にあります。

たしかに新聞の売り上げが減っても、人件費をカットして、あとは不動産収入でなんとか新聞を出し続けることはできます。でも、テナント料収入で出している新聞にはもう「市場のニーズ」がないということです。もちろん、僕は市場原理主義者ではありませんから、「市場のニーズ」がなくなっても全国紙は存続すべきだと思っています。国民的対話と合意形成のためのプラットフォームとして、全国紙というシステムはすぐれたものだと評価しているからです。でも、果たして今の全国紙がそのような「国民的合意形成のためのプラットフォーム」たらんとする意志を持っているかと言うと、僕は懐疑的です。そのような強い意志があれば、石に齧《かじ》り付いても、身銭を切っても、新聞を出し続けるということになるでしょうけれど、そんな強い意志を新聞人から感じることはない。

新聞社の系列のテレビ局の劣化は新聞以上に進行しています。民放というのは、コマーシャルを見せる代わりに、良質のコンテンツを無償で配信するという、非常にすぐれたビジネスモデルであり、「20世紀最大の発明」のひとつと言ってよいと思います。でも、このビジネスモデルも気がつけば時代遅れとなっていた。テレビで広告に出稿することと商品の売り上げの間に因果関係があるといううことをみんなが信じているからこそ民放が成立するわけですが、その因果関係の証明が危《あや》うくなってきた。テレビに広告を出しても売り上げに結びつかないということに気づいた企業から順にテレビから退場すれば、いずれテレビは予算が激減して、見るに堪《た》えるコンテンツを制作できなくなる。もう、そうなりつつあると思います。

新聞とテレビという二つのメディアは遠からず消滅すると僕は思っています。でも、その最大の理由はこの二つのメディアが「巨大メディアの消滅」という歴史的大事件について、ひと言も語らなかったからです。報道機関が、今起きている、全国民にかかわりのある地殻変動的な事件について、ひと言も語らない。この出来事を予見できず、この出来事の意味を解説できず、この出来事がもたらす社会的影響について予測が立てられないというのは、メディアの「敗北宣言」以外の何ものでもありません。

専門家の批評をお笑い芸人が笑いで打ち消す構図

山崎　単純に「内容を面白くすれば客は戻ってくる」という話ではないですよね。その基準で言えば、昔のテレビ番組は今より「まじめ」でした。ニュース番組も、娯楽的な面白みは視聴者から求められなかったし、権力者は報道番組の記者やキャスターを一定レベルで恐れていた。質問で痛いところを突かれたら困る、今の地位を失うかもしれない、という不安があったからです。

それゆえ、昭和の政治家はニュース番組に出演しても、記者やキャスターの質問を詭弁《きべん》ではぐらかしたりせず、最低限の誠意を持って対応しました。

ところがある時期から、ニュース番組が変質してしまった。キャスターやジャーナリストではなく、アイドル的なアナウンサーやお笑い芸人がニュース番組や「ニュースを扱う情報娯楽番組」の司会者になり、ニュース番組は実質的な娯楽番組へと変化します。自民党の汚職を時事問題として扱いもするけれども、番組内で誰がそれにコメントするかというと、吉本興業のお笑い芸人だったりする。

大阪では、ニュースや時事問題も扱うテレビ各局の情報番組に、まるでお目付け役のように吉本のお笑い芸人が出演して、大学教授や弁護士などの専門家が維新への批判的な意見を述べると、即座にかぶせるようにして笑いで打ち消してくる。大阪府知事と大阪市長は、2011年から現在まで全員「大阪維新の会」に所属していますが、吉本興業は2025年開催の大阪・関西万博をはじめ、大阪府や大阪市の公的事業を巨額のビジネスとして請け負う立場です。

真面目なことを話す専門家を、親しみのある芸人がやり込める光景は、視聴者としては単純に面白い娯楽なのかもしれません。そして、「大阪維新の会」の吉村洋文《よしむらひろふみ》大阪府知事や松井《まつい》一郎《いちろう》前大阪市長、同組織の創設者である橋下徹《はしもととおる》（元大阪府知事・大阪市長）らも、大阪のテレビ局の情報娯楽番組に頻繁に出演して、司会者のアナウンサーや吉本芸人との「軽妙な掛け合い」で親しみやすさをアピールしています。

こうした構図で番組を作ると「視聴者に受ける、視聴率が取れる」と気づいた大阪のテレビ局は、揃《そろ》ってその路線に走りましたが、結果的に自分たちが権力を擁護する側に立っているという自覚はおそらくないのでしょう。そして、問題に気づいた時には、もう後戻りできないくらいに維新、つまり大阪の権力機構と癒着し、その関係に依存する状態に安住してしまっていう。

東京のテレビ局も、常連のコメンテーターは自民党や小池百合子《こいけゆりこ》東京都知事など権力側に好意的な人間ばかり。それが日本のテレビ局の現状です。

内田　民放はある日「突然死」するのではないかと思います。いきなりなくなる。実際、若者はもうテレビをほぼ見ていません。テレビ受像機そのものを持っていない人も多い。習慣的に視聴しているのは70代以上の層だけでしょう。事情は全国紙も同じです。周りを見ても、60代以下で宅配の新聞を取っている人はまずいません。購読者、視聴者が鬼籍に入ることは止められませんから、おそらく10年以内には全国紙も民放も突然死することになると思います。

メディア自身もそれくらいのことはわかっているから、延命策をいろいろ考えている。行政と結託して、広報機関になるというのも、そのひとつだと思います。讀賣新聞と大阪府が包括連携協定を2021年に結びましたけれど、この讀賣新聞の経営判断は短期的には合理的に見えるかもしれませんけれど、報道機関としては自殺行為だと思います。だって、もうある自治体については、批判する資格を放棄したわけですから。

大手メディアが凋落《ちょうらく》したあと、どこがオルタナティブになるかと言うと、これはとりあえずはSNSしかない。ところが、SNS上で発信されるニュースコンテンツは「玉石混交《ぎょくせきこんこう》」どころか、圧倒的に「石」のほうが多く、かつ「石」のほうがフォロワーが多く、社会的影響力も強い。

でも、これは当たり前なんです。「石」的インフルエンサーは話を簡単にしてくれるから。複雑な現実を単純な図式に落とし込んで、話をわかりやすくしてくれる。これは受信者の知的負荷を軽減してくれるという点ではまことにありがたい存在です。そこで仕込んだ単純な話を自分も請け売りして繰り返していれば、とりあえず世の中を切り抜けられそうな気がする。それに対して、「玉」的な発信者は長期的な視点で物事を捉えているし、複雑な現実の複雑さをできるだけ温存して、単純化を忌避《きひ》するから、話がわかりにくくなる。言っていることはわかりにくいし、受信者にそれなりの前提的な知識も要求してくる。受信者に知的負荷をかけてくるようなメディアに対しては、「話が難しい」と言ってクレームをつけることが今は許される。「もっと話を簡単にして出直して来い」というようなふざけたことを受信者の側が本気で口にするんです。

最近、僕のゼミの卒業生からこんな話を聞きました。彼女の小学4年生のお子さんが、学校でクラスメートと議論になった時に、「それって、あなた個人の感想でしょ」と言い負かされてしまった。あまりの悔しさにその子は毎日YouTubeを一生懸命に漁《あさ》って、「どうしたら言い返せるか」を研究していたんだそうです。でも、適当なものが見つからない。そこで卒業生がうちに来た時に「内田先生、何かいい『返し』があったら教えてください」と頼まれました。小学生の間にもすでにそういった口ぶりが蔓延《まんえん》していることにびっくりしました。

山崎　いわゆる「ひろゆき論法」ですね。

内田　「それは個人の感想ですよね？」と返すことで、言明の適否についての判断を放棄して相手を切り捨てる手法ですが、これは単なる思考停止に過ぎません。どんな科学的仮説でも、ある意味では「個人の感想」だからです。宇宙についての絶対的な科学的真理を知っている「ラプラスの魔」のような人間などこの世にはいません。だったら、あらゆる科学的言明はどれも完全な真理ではないから、同じ類《たぐい》の妄想なのかといったらそんなことはない。科学的真理である蓋然《がいぜん》性が高い命題とまったくの主観的妄想の間には「程度の差」というものがあります。個人の感想でも、その人ひとりの脳裏にしか居場所のない主観的妄想と、何百万人かのサンプルについて妥当する言明ではおのずと「程度の差」というものがあります。科学というのは、この「程度の差」を精密に査定する知性の働きのことです。宇宙の始まりがどうなっていて、宇宙の終わりはどうなっているのかについて、誰も確実なことは言えない。だからと言って、宇宙に関する言明はブラックホール仮説も、宇宙は巨大な亀と象と蛇の上に乗っているという仮説も、どちらも「個人の感想」であり、科学的価値において等価であるというような乱暴なことを言う人はいません。

「どのような言明も100パーセントの真理でない以上は同一カテゴリーに括《くく》り込んでよい」というような雑な頭の使い方をする人間のことを古い言葉では、「糞味噌」と言いました。糞も味噌も茶色いし、ねばねばしているから同一物であるというような乱暴な同定をする人間はバカだという教えです。どちらも大差ないことを意味する「五十歩百歩」という言葉がありますけれども、五十歩と百歩の間には五十歩の差がある。それが人の生死にかかわることだって現実にはある。

ですから、卒業生には「程度の違いを精密に見きわめることが知性の重要な働きです」とお子さんに伝えてくださいと答えました。もし同級生に「それって個人の感想でしょ」と言われたら、「お前のような奴のことを『糞味噌』と言うんだよ」と返せばいい。意味がわからないと言ったら、「家に帰って辞書を引け」と言ってやれ、と。

暴論や詭弁に商品価値が生まれる理由

山崎　ひろゆきの「それってあなたの感想ですよね？」という冷笑的な突き放しが問題なのは、「意見（オピニオン）」というまっとうな思考や発言の価値を不当に貶《おとし》める社会的効果を持つからだと思います。

　何かしらのデータを「エビデンス」と呼んで安易に権威化し、それがない発言を「感想」と呼んで、取るに足らないもののように軽んじるムードを作る。「エビデンス」のある言説が「客観的・科学的」で、それがない言説は「ただの主観・感想」として軽視する。しかし、これは悪質なまやかしです。

　現実社会の問題について、数字などで定量化できないものは、基本的にデータ化もしにくい。世論調査やアンケートの数字は、データとして処理されますが、そこで一人ひとりの回答者が語る内容は、必ずしも「エビデンス」を伴うものではないはずです。しかし、データ的な「エビデンス」がなければ、根拠がないかと言えば、まったくそんなことはありません。

ある特定の「意見」を口にする時、人はその根拠を頭の中にいくつも持っています。それは、自分の経験に基づく知見だったり、社会問題の構造についてのさまざまな学習を踏まえた解析だったりしますが、そうした論理的な知的プロセスを経て俯瞰的に導き出された「意見」は、議論の土台として十分成立するものです。

ところが、これを「あなたの感想」と侮蔑《ぶべつ》的に冷笑すれば、正当な「意見」の価値を認められず、問題提起や議論の土台にならなくなります。

実際には、「エビデンス」として権威化される各種のデータも、現実のごく一部分を数値化したものに過ぎず、論理的な知的プロセスを経て導き出された「意見」よりも常に高い価値を持つとは言えません。後者は関連する情報に基づいて精製された「インテリジェンス」ですが、前者はただの「インフォメーション」に過ぎません。

真面目な「意見」を冷笑的に一刀両断して無価値なものにする、「それってあなたの感想ですよね？」という言葉が社会に氾濫《はんらん》し、小学生までもがこうした詐術に染まってしまった現状は、建設的な議論の土壌を涸《か》らしてしまうだけでなく、ある種の「言論の暴力性」をも娯楽として消費する風潮を加速させています。

でも、こうした冷笑や、わざと良識を逆撫でして顰蹙《ひんしゆく》を買うような暴言を口にする

「逆張り」がメディアで持て囃《はや》されるのは、粗雑な暴論や極論のほうが、良識的な正論よりも、当座の金儲けに繋がる「商品価値」を持つからでしょう。

常識的で真っ当な正論には、目新しさも面白さもあまりない。娯楽的な面白さがないから、テレビ番組や記事を見る人の数が増えず、商品価値が低いと評価される。一方、今まで誰も言わなかったような暴論や極論、逆張り、詭弁は、娯楽的に痛快で「面白い」から当座の商品価値は高くなる。

テレビの視聴率やネット記事の表示回数で、その違いが評価されます。民放も視聴率が評価の尺度となる営利事業ですから、必然的に「面白さ」を優先する流れになってしまうのは止められません。ただ、かつては企業の上層部にも「自分たちは営利企業だが、この線は最低限守れよ」という矜持《きょうじ》があったように思います。しかし昨今のテレビ番組を見ると、そうした矜持すらも失われてしまったという印象を受けます。

橋下徹のようなタイプのコメンテーターやインフルエンサーがテレビで持て囃されるのも、痛快な断言ゆえでしょう。意表をつくような逆張りや暴論をズバッと断言する。娯楽として飽きないから、視聴者は楽しみながら消費してしまう。

ただ、一歩引いた視点で構図を眺めると、こんな方向に進んでいけば先に何が待っているんだろう、という不安が湧いてくるはずです。今は娯楽のビジネスモデルとして需要と供給が一致しているけれども、この風潮を野放しにすることが社会にどれだけ悪影響を及ぼすのか、どれほどのマイナス面があるのかについては、当のメディア業界人も考えるのを止めてしまった様子です。現状を肯定し正当化する理屈だけが出てくる。これが今のマスメディアが抱える深刻な問題だと思います。

では、この風潮がいつからこんなにも強まったのか、ここまで大勢迎合《たいせいげいごう》的になる転換点はどこだったのか、と考えると、私は2021年に開催された（第二次）東京オリンピック・パラリンピックではないかと思います。

メディアの大勢迎合の転換点は2021年の東京オリンピック

山崎　コロナ禍で開催が2020年から2021年に延期された東京オリンピックは、朝日、毎日、讀賣、日経の大手4紙がオフィシャルパートナー企業として契約を結びました。その結果、緊急事態宣言下での開催強行の是非が問われる事態になっても、どこの新聞も批判的なことを書けなくなってしまった。

じつは、私のところにも毎日新聞から「メディアの東京五輪報道について意見を聞かせてください」という依頼がありました。それで、他のメディアではまず取り上げないであろう論点も含めて、菅義偉《すがよしひで》政権によるオリンピック開催強行の問題点と、それに関するメディア報道の問題点について、Ｚｏｏｍというアプリを使ったオンラインのインタビュー取材で、１時間40分ほど時間を割《さ》いて、私の考えを丁寧に述べました。

ところが、東京オリンピックが開幕しても、一向に記事は報道されない。いくら待っても連絡が来ないので、「あの記事はどうなりましたか」とメールで問い合わせたところ、「上司と相談した結果、記事にしないことになりました」と担当記者が言うんですね。「記事がボツになったなら、なぜ伝えてくれないんですか。こちらから訊くまで伝えないのはおかしいでしょう」と重ねて事情を聞いても、「上司に相談した結果」の一点張りです。

私は１時間40分にわたって他の仕事を止めてインタビューに答え、自分の頭の中にある知的価値を提供したのですが、毎日新聞はそれを全部無駄にしました。謝礼もないし、通り一遍の形式的謝罪だけで終わらせました。

その記者は、インタビューの画面では私の話の内容にすごく納得しながら聞いていたんです。けれども、同社の上層部による事実上の検閲の結果、私の意見を記事にすることは阻《はば》まれた。おそらく、東京オリンピックのパートナー企業という立場から、社の利益に差し障りがあるとの判断だったのでしょう。

私は記者に「東京オリンピックを中止にしろ」などと述べていません。「メディアの東京五輪報道について」というテーマに関連して、何が問題でどう改善すべきかを述べただけなのに、それが実質的な社内検閲で封じられてしまった。これは相当、重症だなと思いました。その後の大手メディアの東京オリンピック報道を見ると、私が指摘した問題点は間違っていなかったと確信しました。

内田 僕は招致が決まった2013年より以前から、「東京オリンピックは開催すべきではない」と言ってきました。ですから、招致が決定した時には、ずいぶんたくさんメディアから取材が来ました。あまりに続くので、「なぜ僕のところばかりに集中的に来るのですか。他の人の意見も載せたほうがいいですよ」と記者に言ったんです。そしたら、「いや、東京オリンピックに反対している知識人って、全然いないんです」と教えられました。その時点で五輪反対を明言していたのは、想田和弘《そうだかずひろ》さんと小田嶋隆《おだじまたかし》さんと平川克美《ひらかわかつみ》君と僕くらいしかいなかった。それを聞いてこれは僕のほうが驚きました。どう考えたって、東京オリンピックなんてただの金儲けと国威発揚のための空疎《くうそ》なイベントじゃないですか。「くだらん」と言う知識人なんて何百人もいていいはずなのに、表立って反対する人はきわめて少なかった。たしかに「オリンピックなんていうくだらんものを開催するな。そのリソースがあれば他のことに使え」と腹の中では思っていても、わざわざ言挙《ことあ》げして、大手メディアからの仕事を減らすこともない、他に火の粉をかぶってくれる奴がいるなら、自分がわざわざ角を立てることはないと思ったのかもしれません。

山崎　『未完の敗戦』（集英社新書）という本でも書きましたが、コロナ感染拡大期に強行開催された東京オリンピックは、日本の倫理的な問題点がいくつも浮き彫りになった、重大な出来事だったと思っています。

たとえば、ＮＨＫはある時期までは、「東京オリンピックの開催に賛成ですか、反対ですか」という単純な問いで世論調査を行なっていました。ところが、ある時期から、開催という回答項目が「観客を入れての開催」と「無観客での開催」に分割された。こうすることで、今まで「反対」と答えていた人の何割かを「無観客での開催」に誘導することで「開催に賛成」の数字を上げようとしたのではないかと、私は疑っています。

これはある種の印象操作と政治的な世論誘導であり、結果を操作するために質問の問い方を変えるというのは、メディアが一番してはいけないことです。この手法を悪用すれば、政府の望む方向に国民を誘導できるからです。

NHKはそれ以外にも、「聖火リレー」を紹介する番組のあとなどに謎めいた宣伝のような動画を放送していました。スポーツ選手と思われる人や車椅子の人たちが登場し、暗いところから明るいところへみんなで進んでいく姿が映し出され、「私たちは、超えられる」や「この一歩が、きっと私たちをめざす場所へと連れていく」など、何かポジティブな響きを持つ言葉が語られていました。

抽象的かつごく短いイメージ映像で、オリンピックという言葉は一切出てきませんが、「NHK　2020→2021」という暗号のような文字は、明らかに東京オリンピックを表すものです。つまりこれは、オリンピックの開催賛成論を高めるための、NHKによる政治的プロパガンダだったと言えるでしょう。

先の戦争中、新聞やラジオなどの大手メディアは、政府や軍部のプロパガンダを広め、戦争に加担してきた歴史があります。検閲と言論統制によって政府と軍部、戦争に批判的な事実は報じられなくなる一方、誇張や捏造《ねつぞう》を含んだ大本営発表がそのまま報道され、メディアは煽動《せんどう》的な言葉を並べて国民の戦意高揚を促していた。

当時ラジオ放送局の日本放送協会だったNHKは、そうした戦時プロパガンダの先導役でした。当時を振り返る高齢者のインタビューを見ると、「NHKが報じているのだから正しいはずだ」と考えている人が大勢いたようです。

メディアの発信には、それほどの影響力がある。だからこそ、先の戦争中に国家権力に隷従し一体化した過ちを教訓として継承していくべきなのですが、それを実践しているメディアが今の日本でどれほどあるのかは疑問です。

NHKは報道部よりもドラマ班のほうが気骨がある

内田　昨今のNHKは、報道部よりもドラマやドキュメンタリーの制作班のほうが気骨がありますね。先日、NHK制作のドキュメンタリー番組の取材を受けました。優れた企画だったし、うちに来たスタッフの皆さんも面白い方々ばかりでしたので、「最近のNHKはドラマやドキュメンタリーは攻めてますね」と言ったら、プロデューサーの女性がにっこり笑って「報道は『腰抜け』ですけれど」というご返事でした。なるほど、NHK内部では、腰抜けが報道に残って、気骨がある人たちはドラマやドキュメンタリーや情報番組に追いやられてしまったのだなと知りました。

山崎　昨年放送された『虎に翼』は見応えがありました。途中から見始めたのですが、セリフの一つひとつや画面の演出がよく練《ね》られていて、当時の問題に現代社会の問題が違和感なく投影される形になっている。構造的で理不尽な女性差別だけでなく、なぜか女性を敵視する「弱者男性」の心情まで丁寧に描いていました。脚本家の吉田恵里香《よしだえりか》さんは、本当に手練《てだ》れだと思います。

内田 朝ドラは視聴者の数が多いですから、使いようになってはプロパガンダ装置にもなりかねない。けれども、体制へのカウンターとして『虎に翼』のような作品を送り出してくる制作陣が残っている。そこに救いがあると思いました。

山崎 敗戦後の民法改正のくだりでは、「高齢男性がしがみつく日本の伝統とやらは、実際には明治期につくられたものばかり」と女性議員がさらっと指摘するシーンがあるのですが、あれをＮＨＫが電波に乗せたのは画期的でした。自民党など一部の国会議員が崇《あが》め奉《たてまつ》る靖国《やすくに》神社も、夫婦同姓も、明治期の大日本帝国の国家体制に合うように作られた「伝統と称するもの」でしかないんです。日本の敗戦を開戦前に指摘していた総力戦研究所の存在や、あまり知られていない原爆裁判の描写からも、制作陣の気概のようなものを感じ取れました。

内田 民放ではもはや見ることができない光景ですね。かつてＮＨＫは体制側で、民放のほうに在野的な批評性がありましたけれど、ドラマやドキュメンタリーについては、もう構図が逆転しましたね。

山崎　2012年に第二次安倍政権が発足して以降、自民党政権によるメディアへの圧力が段階的にエスカレートし、当時の高市早苗《たかいちさなえ》総務大臣が「公正中立ではない放送局には電波停止を命じる可能性がある」とまで言及しましたが、一昔前であれば、あの発言はテレビ局から激しい批判の逆襲を食らって逆に大臣辞任にまで追い詰められてもおかしくなかったと思います。

内田　あれは少し昔なら内閣総辞職に追い込まれるような暴言だったと僕も思います。それがペナルティなしでまかり通ってしまったのですから、いかにメディアの足腰が弱くなったかということの証明でしょう。

安倍政権のメディア対策は、要するに「しつこい」ということと「非常識」ということに尽きると思います。ふつうならそこまでやらないというようなことをやった。いちいち番組内容に介入し、個別の番組の出演者にまでクレームをつけた。ふつうはテレビ番組を全部チェックして、その一つひとつについて政府に批判的かどうかなんか査定するようなくだらないことに官邸の貴重な人的リソースは割《さ》きません。外交でも内政でもそんなことより重要な政治的イシューはいくらでもありますから。でも、安倍政権はその優先順位をひっくり返して、「政府批判をするメディアを叩く」ということを最優先の政治課題にした。この「しつこさ」と「非常識」ぶりは僕が知る限り、これまでの自民党政府のメディア対策には見られなかったものです。

でも、これはある意味で卓越した着眼点だったと思います。「叩いて」みたら、メディアは思いのほか弱腰だということがわかったからです。一度きりのクレームには抵抗するけれども、三度四度とクレームを続けると腰が砕ける。ていねいな口調での抗議には抵抗できても、「ふざけたことをすると停波するぞ」というような非常識な恫喝《どうかつ》には屈する。問題はここでも「程度の差」だったんです。これまで政府がメディアにいくぶんか配慮していたのは、メディアの抵抗力を過大評価していたからだということがわかった。それが第二次安倍政権の最大の「収穫」だったと思います。「メディアは腰抜けだ」ということを政府が知り、国民も知った。それによってメディアに対する信頼性を土台から掘り崩すことに成功した。こうやって僕たちが「日本のメディアは腰抜けだ」というようなことをあたかも周知の事実のごとく言い切れるのも、それが安倍政権が開示した事実だからなんです。

もちろん、それまで「第四の権力」というような過大評価に安住してきて、タフな批評的知性を鍛《きた》えてこなかったメディア自身の責任も大きいとは思います。それでも、日本における「メディアの凋落」を加速させたのが安倍政権であることは間違いないです。

タクシー運転手はなぜ断定的に話すのか

内田　メディアには文字情報、画像情報、音声情報とさまざまな形態がありますが、僕がメディアにかかわって感じるのは、ラジオのような音声メディアがじつはオーディエンスの思想に与える影響では、文字情報より優越しているんじゃないかということです。というのは、新聞や本などの文字で摂取した情報って、音声的には再現できないんですよ。人名とか地名とかって、カタカナで書かれていたものを一瞥《いちべつ》しても覚えられない。だから、そのニュースについてあとで話そうとしても、固有名詞が出てこない。「カマラ・ハリス」も、今はよく耳にするから再現できますけれど、少し前までは文字列でしか見たことのない名前でしたから、「カマラ・ハリス」か「カマラ・ハリス」かはっきり覚えられなかった。でも、ちゃんと記憶していない人名だと、それについて語ることに心理的抑制がかかるんですよね。当たり前ですけれど。でも、こうやってみんなが「カマラ・ハリス」とフルネームを口にするようになるとその話ができる。今も僕はイギリスもドイツもフランスもイタリアも首相のフルネームを言えないんです。新聞記事では何回も読んでいるはずなんですけれど、音声的に再生したことがないので、なかなかそれを話題にできない。イスラエルの「ネタニヤフ」も「ネタニエフ」だったか「ネタニヤフ」だったかはっきり言えない時があって、その時はイスラエルのことが話題にできなかった。新聞とか本とか文字メディアだけで情報収集していると、「音声的に再現できない固有名詞を含む話題を回避する」傾向が生まれるんです。あまり言う人がいませんけれど、そうなんです。

ところが音声を中心に情報収集していると、固有名詞がすらすらと再現できるんです。だから、ラジオで情報を採っている人は割とどんな話題にも対応できる。人名・地名がすらすら口から出てくるから。新聞よりもテレビやラジオから流れてくる発言の影響力が強いのもそのせいだと思います。

前から、タクシーの運転手さんと話をしている時に、政治的な問題について断定的に語る人が多いなと思っていたんです。ある時わかったのは、タクシーの運転手さんて朝から晩までラジオを聴いているから、固有名詞の再生能力が高いんです。乗っているお客さんが再現できない固有名詞、アレクサンドリア・オカシオ＝コルテスとかさらっと口にできる。するとお客さんはそこで迫力負けしちゃうわけですよね。自分は言えないから。そういう、正確に音声的に再生できる人があまりいない固有名詞を含んだストックフレーズを畳みかけるように口にすると、お客さんは気圧《けお》されて黙ってしまう。僕自身、政治的な問題について、タクシーの運転手さんに断言的なことを言われて、口をつぐんだという経験が何度かあったんですけれどね、そういう時に運転手さんが「やったぜ」という勝利感を覚えているのがうしろにいてもわかるんです。これは興味深い現象だなと思って、それからずっと注意しているんです。

それでわかったのは、ニュースを音声中心に摂取している人たちは耳で聞いたストックフレーズをあまり努力なしに再現することができる。でも、新聞や本で摂取した情報については、それを音声的な言明で言い直すにはいささか手間がかかる。だからもたつく。すると、音声情報中心に情報摂取している人間のほうが、文字情報中心に情報摂取している人間よりも「偉そうに見える」ということが起きる。

最近はYouTubeの音声をヘッドセットで聴いたり、ポッドキャストでニュース解説を聴く人が増えていますね。でも、耳から入ってくる情報は怖いんです。簡単に再生することができるから。それに断定的であればあるほど、定型的であればあるほど再生しやすい。対話的な場面で「勝つ」とか「論破する」とかいうことを優先する人たちは、音声情報を聴いて、それをそのまま再生することが相手を黙らせる上では有効だということを学習しているんじゃないかな。

山崎　文字情報と音声情報では、受け手に与える影響が異なるというお話は、私も納得できます。文字情報だと、いったん頭の中にある論理の回路で処理するので、言葉の意味を咀嚼《そしやく》し分析した上で、初めて自分の考えを外に出せるようになる。理解の過程で必然的に理性が働きます。

ところが、音声情報は耳で聴いた内容をそのまま口からアウトプットすれば済む場合もあるので、理性的な認識や心理的ブレーキのプロセスが軽んじられるのかもしれません。

私は、ある差別主義者の書いた差別的な内容の本を読み込んだり、その人間が自分のネット上のチャンネルで流している差別的な動画の内容をテキストに書き起こして分析・検証する作業をしたことがありますが、差別的な暴言を受ける側の心理的なダメージは、おそらく文字よりも動画のほうがはるかに大きいでしょう。相手をあざ笑う顔と口調で発せられる差別的な言説は、その標的となった人の心にガラスの破片《はへん》のように突き刺さり、いつまでも血が流れる傷となって残ります。

日本人である私は、そこで語られる民族差別的な内容の標的ではありませんが、それでも人を傷つけることを意図した悪意の差別的暴言を長く聴いていると、心理的なストレスが高まって気分が悪くなり、何度も作業の中断を余儀なくされました。

政治的なプロパガンダも同様で、ネット動画で発せられる攻撃的なアジテーションは、文字で読んだ場合よりも心に残り、頭の中でリフレインされ、その自覚がないまま受け手の行動に悪い影響を及ぼす力が大きいと思います。

国民が愚鈍で無気力になるほど統治コストは安くなる

内田　プロパガンダという点について言えば、日本ではすでに愚民化政策が始まっていると思います。為政者は国民にできるだけ愚鈍になってほしい。国民に政府を批判する能力もないし、対案を出す能力もないということになれば、統治コストはどんどん安くなりますから。だから、為政者が体制を安定させて、権力を維持し続けたいと思えば、愚民化は合理的な解なんです。でも、大きな代償を支払わなければならない。国民が愚民化するということは国力が低下するということだからです。当たり前ですよね。国民が思考停止したバカばかりなんですから、もう学術的なイノベーションは起きないし、新しい政治的なアイディアも生まれないし、新しいビジネスモデルも生まれないし、新しい文化も生まれない。そうやって急速に「後進国」化してゆく。これが今の日本の実相です。

経済が停滞しているとはいえ、日本は相対的にはまだまだ豊かな国です。自然環境は穏やかだし、土地は肥沃《ひよく》だし、雨量は多いし、植物相・動物相は多様だし、伝統文化や観光資源でも、アジアでは卓越しています。ですから、このまま国力が衰えても、私腹を肥やすには十分なだけの国富がある。この公共財を私物化していれば、あと100年、孫子の代くらいまでは支配層は「いい思い」ができます。いずれは沈む泥舟だけれど、舟から持ち出せる宝物はまだまだたっぷりある。公権力を私的な目的のために濫用すること、公共財を私物化すること。今、日本を動かしている政官財の支配層が求めているのはそれだけです。長期的な戦略を持って、この泥舟をもう一度浮かび上がらせることを考えている人間はどこにもいない。

山崎　日本はすでに沈みかけている泥舟であるとのたとえが出ましたが、確かに今の日本は、沈没しつつあるタイタニックの状況に似た面があるのかもしれません。

艦橋（ブリッジ）にいて問題対処の指示を出すべき最高指揮官やその側近たちが、何をどうすれば沈没を回避できるかについて何の答えも持っておらず、それでも自分たちの威厳や面子《メンツ》を保つために、偉そうな顔つきで、何も問題はないと言い張っている。そんなイメージが思い浮かびます。

先の戦争中、日本軍の（陸軍）参謀本部や（海軍）軍令部のエリート将校は、自分の能力を過信して前線部隊の実力を超える作戦を立案し、兵站《へいたん》の不備や情報の不足などでそれが失敗しても、前線兵士や現場指揮官に責任を押しつけました。自分は間違った判断をしないという「無謬《むびゅう》神話」への固執は、失敗を認められない硬直した思考に繋がり、新たな失敗を生み出す悪循環に陥りました。

若い兵士の命を粗末にした、生還の可能性を認めない体当たり自殺攻撃、いわゆる「特攻（特別攻撃）」も、敗戦が不可避だという現実から逃避する戦争指導部の「無謬神話」への固執がもたらした副産物のひとつで、特攻で死んだパイロットの悲壮な自己犠牲の物語を美談として宣伝することで、日本はもう敗北したという現実や、戦争指導部がじつは無能だという現実から国民の目を逸《そ》らし続けました。

今の自民党の首相や閣僚、霞《かすみ》が関《せき》のエリート官僚も、当時の戦争指導部と同様の陥穽《かんせい》に落ちているように見えます。わからないことを「わからない」と正直に告白できず、あらゆる問題の解決法を自分たちは知っているという虚構の「無謬神話」を創り出してその殻に閉じこもり、先に下した判断の失敗が明らかになってもそれを認めず、情報を操作して「失敗しておらず、順調に進んでいる」かのように見せかけ、そんな現実逃避がさらなる失敗を招くという悪循環に陥っているようです。

本当なら、国家指導部が無能だと判明した時点で、それを別の何かと取り替える動きが生じるはずですが、国民の側があまりに受け身の思考だと、そんな自浄能力も働かず、無能な指導部に忠実に従うことで、状況をさらに悪化させる役割を担ってしまいます。先の戦争中の大日本帝国の臣民もそうでした。

臣民とは、国民を天皇に忠義を尽くす「しもべ」と見なす言葉で、当時の日本国民は一人ひとりが主体的に物事を判断したり、個人として独立した価値を主張できる存在とは認められていませんでした。政府の愚民化政策という指摘がありましたが、一人ひとりが主体的に物事を判断しない、できない国民に政府が仕立てる行為は、政府自身の愚かさを政策化して国全体を弱体化させるものだと言えます。

また、政治をめぐる議論が「個々の問題そのものに関する構造的分析」ではなく「AとB、どちらの側につくか」という陣営対立の勝ち負けゲームにすり替わっていることも、状況をさらに悪化させる一因となっているように思います。

たとえば、自民党の裏金問題に関しては、本来、右翼も左翼も関係ないはずです。裏金や脱税という重大なルール違反にどう向き合うか、どんな処罰を適用するかという、普遍的な倫理の問題であるはずなのに、「自分は与党支持の陣営だから擁護する」とか、「自分は左翼の側にはつきたくないから自民党の裏金問題も批判しない」というふうに所属陣営を基準に振る舞う「プレイヤー」が少なくありません。

右派対左派、保守対リベラルなど、使い古された既存の二項対立にあらゆる政治問題を矮小化《わいしょう》し、詭弁や屁理屈で「自分の属する陣営」を守るという態度は、自分が所属する部隊の上官に隷従する兵士の行動に似ています。相手を言い負かすことが目的化してしまい、個々の政治問題そのものについての自分の意見や評価を持たず、ニュートラルな善悪の判断もできなくなっている人が増えているのではないでしょうか。

日本もアイデンティティ・ポリティクスに蝕まれている

内田　権力と富が一部の支配層に排他的に蓄積されて、中産階級が没落して、大多数の国民の貧困化と政治的無力化が進行しているというのは、世界中どこでも程度の差はあれ起きていることです。イギリスもフランスもドイツも中国もロシアも、アラブ諸国でもアジア諸国でも、どこでも同じことが起きている。でも、格差の拡大とそれに伴う国民の分断がとりわけ顕著なのは、やはりアメリカでしょう。

アメリカの問題は「アイデンティティ・ポリティクス」にあると思います。「アイデンティティ・ポリティクス」というのは、ジェンダー、人種、民族、階級、地域性、性的指向などによって成立するアイデンティティ集団の成員たちは利害を共有しているので、このアイデンティティ集団が基本的な政治単位になるべきだという考え方です。僕はこの政治学が現代アメリカを分断させ、さまざまな解決の難しい社会問題を引き起こしていると考えています。

アメリカ社会において「お前はどこの集団のメンバーだ」ということが優先的に問われるのは、アメリカが移民の国だからです。さまざまなエスニック・グループが時間差を置いて入植したせいで、住む地域が違い、就《つ》く職業が異なった。最初にイギリスからの移民が東海岸を開拓し、続いてアフリカ、アイルランド、ドイツ、イタリア、ロシア、中国などから移民が流入しましたが、彼らはそれぞれ固有のエスニック・アイデンティティを保持し続け、溶け合って平均的な「アメリカ人」を形成することはついになかった。

まず「お前はどこの集団の人間か」と帰属集団を問われて、エスニック・アイデンティティが確定すると、その人は帰属集団の「集団的個性」を分有するものとして認識される。これはある意味非常に不自由なことだと思います。アイルランド系はアイルランド人らしく、イタリア系はイタリア人らしく、ユダヤ系はユダヤ人らしく、アフリカ系はアフリカ人らしく思考し、ふるまうことを期待されて、そこから逸脱することには強い抑制がかかる。たとえば、プルーストを読み、ドビュッシーを愛聴し、ビアズレーの絵を壁に飾るアフリカ系の少年を僕たちは想像しにくいわけですけれども、これは想像しにくいということ自体が異常だと思う。アメリカ映画を観る時には、「登場人物たちがいったいどこのエスニック・グループに属しているのか」を知らないと物語の意味がわからないということが起きます。たとえば、『卒業』の主人公のダスティン・ホフマン演じる青年がユダヤ人だということがわからないと物語の悲劇性は理解できない。『ジャージー・ボーイズ』でフランキー・ヴァリがマフィアのボスにひいきにされる理由は、彼らがイタリア系だということを知らないとわからない。僕たち日本人は、アメリカのエスニック・グループの「指標」を見つけて、彼らがどのような固有の民族誌的偏見を共有する集団に属しているのかを学習しないと、彼らのふるまいの意味がよくわからない。エスニック・グループごとに固有の「集団的個性」があり、同一集団のメンバーは相互支援しなければならず、他の集団と宥和《ゆうわ》することに強い規制がかかるのはアメリカ社会固有の現象です。アイデンティティ・ポリティクスはこの土壌から生まれたものです。

アイデンティティ・ポリティクスの問題だと僕が思うのは、「自分がどういうアイデンティティ集団に属しているのか」を発見することが万人にとっての最優先課題であって、自分のアイデンティティを発見すれば、あとは「それらしく生きる」だけでいい……という特殊な人間観です。これは歴史的条件によって形成されたアメリカ固有の民族誌的偏見であって、一般性を要求できない。スケールは大きいけれど「部族」固有の集合的な人間観なんです。アメリカではそれでいいけれども、世界中どこでもそれが通るわけじゃないということを誰も言わない。

集団ごとに利害が対立するという話になっているわけですから、「どのアイデンティティ集団に属しているのか」が重要であって、「いずれの言い分に理があるのか」ということは問題にならない。すべてのアイデンティティ集団のひとつ上のレベルに、「どのアイデンティティ集団にも帰属しない中立的な判断基準」があるという考え方をアメリカ人はしないんです。すべてのアイデンティティ集団内部に「集団的アイデンティティになじまない個人」がいるという考え方もアメリカ人はしない。「しない」と言い切ってしまうときついですけれども。あまりしない。

たとえば白人至上主義（white supremacy）の人にとっては「白人はそれ以外の人種よりも優等である」ということは自明の理であって、彼らは人種集団ごとに生物学的な優劣の差はあるのかという議論もしないし、同一の人種集団の中にも「優れた人もいるし、不出来な人もいる」という議論もしない。

ＬＧＢＴについての議論にも同じ「ねじれ」を僕は感じます。子どもたちに向かって、自分の性的指向や性自認をはやく確定して、自分が帰属すべき「性的集団」を見つけて、そこのメンバーになれと促すことは、「帰属すべきアイデンティティ集団を見つけて、そこに一体化すればすべての問題は解決する」ということが不当前提されているように思います。自分がどのアイデンティティ集団に属するのかを決定するのは、そんなに重要なことなのか。

ＬＧＢＴの場合ですと、どんどん性的指向が多様化しているので、それに合わせて集団数そのものが増加しています。最新の分類だとLGBTTQQIAAPというものになっている。この数は原理的にはいくらでも増えてゆくと思います。だって、人間のセクシュアリティなんてアナログな連続体なんですから、80億人人間がいれば80億種類ある。それを二つに分類しようと、20に分類しようと、無理やりカテゴライズしているという点では変わらない。別にいいじゃないですか、「いろいろある」で。無理やり分類して、命名して、理解しようとすることはない。

この執拗《しつよう》なまでのアイデンティティに基づく分類思考は、「帰属する集団を見つけて、そこに一体化すればすべての問題は解決する」というイデオロギーによって駆動されているように僕には思えます。

もう「すべての問題は解決した」上にアイデンティティ・ポリティクスは成立するわけですから、どのアイデンティティ集団の言い分が適切であるかどうかという比較考量は不可能になる。不可能というか、そんなことはもうどうでもよくなる。問題は、ある人が採った政治的行動の適否ではなく、その人は「誰か」という身元確定に存するから。政治的意見、政治的行動の適否、理非を一段上位の、メタ基準に照らして判断するのではなく、敵と味方の間に線を引いて、その勝敗だけが問題になる。

これが今のアメリカ社会で起きている現象です。いや、選挙で「51対49」で多数派を制したら、多数派には独裁的な権力が与えられるべきだという日本の政治家たちの政治イデオロギーも、もとをただせばアイデンティティ・ポリティクスと同根だと思います。政策の適否は問われず、「この政策に賛成なのか反対なのか。お前は敵なのか味方なのか」だけが問題になる。

ヨーロッパでも移民排斥《はいせき》という形で同じ現象が起きています。移民一人ひとりについて、どの宗教を信じているのか、何国人なのかという集団属性の確定ばかりが急がれて、その人個人はどういう人なのかは問われない。個人のオリジナルな属性はないに等しいものと見なされる。でも、移民になった経緯は一人ひとりみな違うはずです。宗教にしても、どのくらい宗教的に成熟しているかどうかは一人ひとりみな違う。日本人だからというだけの理由で、もし外国で「じゃあ、お前は仏教徒だな」と言われても困る。僕は神仏習合こそが日本固有の宗教性だと思っていますけれど、そういう個人の宗教的な傾向や宗教的な深さは人種差別主義者の眼には見えない。集団属性だけで人間を括るというのは、一人ひとりの生き方の違いを否定することです。僕がレイシズムについて最も許し難《がた》いと思うのはその点です。

日本語にはもともと「アイデンティティ」に対応する言葉がありません。「自己同一性」という訳語が当てられますけれど、そういう単語を作ってみたというだけで、まったく内実がない。「自己同一性」という文字列を見て「ああ、あのことね」と納得する日本語話者はいません。

そもそも日本に限らず、東アジアにおける「人格陶治《とうや》」というのは、連続的な自己刷新のことです。アイデンティティの確定なんかじゃない。「士三日会わざれば刮目《かつもく》して相待つべし」と言われるように、三日前とは「別人」になることが人間的成長であるというのが東アジアの伝統的な人間観です。「本当の自分」を発見すれば万事解決というような人間観は、少なくとも日本における「修行」の思想にはありません。

それがある時期から日本にもアイデンティティ・ポリティクスが入り込んできて、それがしだいに支配的なイデオロギーになってきた。最近でもよく訊かれるんです。「内田さんはリベラルなんですか、保守なんですか、左翼なんですか」と。そんなこと昔は誰も訊かなかった。今は頻繁に訊かれます。でも、僕は僕であって、それ以外のものではない。別にリベラルな政治集団なり、保守集団なり、左翼集団なりに帰属して、そこに身元保証してもらって暮らしているわけじゃない。僕は僕です。でも、なんとかラベルを貼ろうとする。

もうずいぶん昔のことですが、あるフェミニストの方と話した際に「発言者の性別が男か女かで言説の意味は変わる」とその方が発言されたことがあった。僕はそれはおかしいと思いました。男が言うか女が言うかで、政治的言明の意味や価値が変わるべきではないと思っていたからです。ある人がある政治的言明を語るに至ったのには、それなりに固有の文脈があるのはわかります。それは汲《く》み取るべきです。でも、発言者が「誰であるか」ということはいったん脇において、まずはその政治的意見の当否についてのみ議論することは可能だし、できるはずだと僕は思っています。

もしこのフェミニストが言うように、性別によって言明の意味が変わるのなら、すべての人間は発言機会ごとに自分の性別をまず明らかにしなければならないということになる。同一の言明であっても、男性が発言した場合には「間違い」だが、女性がそれを口にした場合には「正しい」というようなことや、その逆のことが起きるとしたら、この人たちの集まりでは「性差」についての言及回数が、おそらく他の場面よりもはるかに増えるはずです。でも、性差について執拗に言及することを通じて性差別はなくなるという戦略的な見通しには僕は同意することができません。逆じゃないですか。性差なんか問題にしないで、ただその人が個人として何を考えていて、何を語り、どのような行動をするか、それを性差にかかわりなく、「人として」見るという環境を整備することが性差別をなくす最も合理的なやり方だと僕は思いますけれど。

でも、今の日本でもアイデンティティ・ポリティクスが支配的なイデオロギーになりつつある。ですから、「お前は何者なのだ」という身元の確定をしてからでないと何も始まらない。まず集団的属性を問い、それが確定すると、個人の言動はすべて「○○人だから」という粗雑な枠組みで解釈される。僕はこういうやり方が心底嫌いなんです。

人間の卑しい部分をも肥大させるインターネット

山崎　人間を属性によって分類し、自分と同じ陣営か否かで発言への評価を変えるというのは、知性でなく打算に基づく思考法だと思います。

時には、発言で語られる内容と発言者の属性をリンクさせて考えることが必要な場合もあるでしょう。けれどもそれは、利益相反を指摘したり、多くの人が見落としている観点を特定の属性との関連で浮かび上がらせ、それによって問題を明らかにするような場合の話です。敵か味方かという陣営思考で発言の内容と発言者の属性をリンクさせる態度は、論理的な反証をせずに発言の信憑《しんぴょう》性を貶めることを意図した、卑怯な行為です。

こうした粗雑で攻撃的な態度が広まっている背景には、議論の場としてのインターネットの特性があるようにも思います。複雑な問題についての認識や評価を、自分の頭で考えて意見表明する時、論点の見落としや認識不足などの瑕疵《かし》を指摘されて恥をかくリスクがありますが、敵か味方かという陣営思考で物事を判断して同じ陣営の主張をオウム返しにするクセがついてしまうと、そのようなリスクを見た目上は回避できます。自分の属する陣営がその問題についてどんなスタンスをとっているかを見た上で、それに追従すれば、個人として誤りを指摘されることを避けられるからです。

ネットは、人間のあらゆる能力や感情を増幅します。博愛的な感情も攻撃的な感情も、ネットで同類の人間とかかわることによって増幅していきます。その結果、差別や排外思想など、人間の心の卑《いや》しい部分が肥大した人間がネットで徒党を組んで、有形無形の暴力を社会に撒《ま》き散らすことになります。

ドナルド・トランプが2020年の大統領選挙で敗北したあと、彼の支持者が行なった連邦議会議事堂への襲撃事件も、ネットのSNSが存在していなければおそらく起きなかったと思います。インターネットが言説の攻撃性を増幅させ、それが過激な行動の導火線になった事実は、大きな警鐘《けいしょう》と捉えるべきです。

20世紀までの世界の歴史を振り返ると、行きつ戻りつしながらも全体的に前進してきたと言えます。ところが、20世紀の終わり頃にネットが普及・大衆化してからは、社会性の面で大きく後退しているように思います。

政治家による差別の煽動が放置され、民族や性別などの属性で敵と味方を乱暴に分け、分断と対立を煽《あお》り続ける。そのことが国や社会にもたらす長期的なマイナスの影響についての歴史的な教訓などは考えない。これは日本の状況も同じです。

内田 インターネットが危険なのは、あるステートメントが表に出て流布するまでの間にスクリーニング（選別）が介在しないからだと思います。たとえば、この本でも、企画を立てた編集者がいて、企画書が企画会議を通って、著者である僕たちがそれぞれ原稿をチェックして、さらに校閲のチェックを受けて、最後にまた営業会議で「どれくらい売れそうか」という議論があって、価格と部数が決まって、それによってどの程度の範囲に僕たちの言説が広まるかが決定づけられる。いくつものスクリーニングを経て、ようやく世に出る。コンテンツの質が低ければ、そもそも商品として流布しない。

でも、SNSにはフィルターが存在しない。スマホ1台あれば全世界に向けて発信できる。言論の自由や民主主義の観点から言えば、これは素晴らしいことです。万人に世界に向けて自分の意見を述べる機会が賦与《ふよ》されるわけですから。でも、よいことばかりではない。逆に言えば、どれほどクオリティが低く、差別的であったり、攻撃的であったりするステートメントでも、制約なしに配信されてしまう。クオリティの高いものとゴミが同列に発信される。見識のある商人が介在すれば、「こんなゴミはお客さまの目に触れさせられない」と片付けてくれるのですが、そういう目利きが発信されるコンテンツについて取捨選択をするということが構造的にできない。これまでならまず人目に触れることのなかったような下劣なコンテンツが堂々と配信される。これは間違いなくSNSの弊害です。

山崎　ご指摘の通りだと私も思います。ネット上のSNSには言論の「品質管理」を行なう部署が、実質的に存在しません。一応、問題のある投稿を報告できるシステムはありますが、差別や憎悪煽動を含む投稿について報告しても、きちんと対処されるのは稀《まれ》で、そのまま放置される場合が多いです。

新聞や雑誌であれば、編集というプロセスで有害な言葉や主張は除去されますが、各人がダイレクトに投稿して多くの目に触れるSNSには、そんなフィルタリングのプロセスが事実上ありません。

良く言えば「自由な言論」ですが、水や食べ物の流通過程には当然存在する「安全性をチェックする過程」が実質的に機能していないので、有害物質を含んだ水や腐敗した食物などがスーパーに並んでいるようなものです。

そうなると、ネット言論を金儲けのビジネスと考える発信者や事業者は、より多くのページビューやインプレッション、つまり表示回数を稼ぐ方法を考えるようになります。良識的な正論よりも、昔であれば顰蹙を買って退場を余儀なくされるような、過激な暴言や極論、逆張り、そして弱者を攻撃する言説のほうが、目新しさがある上、自分が被害者にならない限り娯楽として楽しめるので、表示回数を稼げる。そんな殺伐《さつばつ》とした有害・有毒な言説が、ネット上に溢《あふ》れるようになりました。

最初は、ひろゆきが創設した「2ちゃんねる」のような匿名掲示板に留まっていた反良識的な暴言が、いつしか「ヤフーニュース」のコメント欄やSNS上にも広がり、実名顔出しで暴言を繰り返す者がアンチヒーローのように持て囃されるようになりました。こうなると、良識的な正論は、冷笑的な暴言を武器のように振り回す人間の格好の標的となり、良識や正論を集団的にあざ笑うことがひとつのビジネスとして成立してしまいます。

昨今のネット言説を見て感じるのは、二つの金言が以前とは異なる形で具体化されているということです。ひとつは「悪貨が良貨を駆逐する」。もうひとつは「悪名は無名に勝る」。以前であれば、「若者の社会負担を減らすために高齢者は集団自殺せよ」などとメディアで言う人間がいれば、激しい批判を浴びて退場を強いられ、二度とメディアに使われることはなかったはずです。

しかし今は逆です。こうした「顰蹙を買う暴言」がネット上の「オーディエンス（聴衆、観客）」の喝采を浴びれば、メディアは「この者は人気がある、商品価値がある」と単純に金銭的尺度で評価し、新たな出演機会を与えて次の暴言が社会に広まることを助けている。暴言や差別的発言をして悪名が立つと、それがひとつのキャラクターとなって商品価値を持ってしまう。

内田　SNSで稼ぐという新しい収益方法が生まれたことの弊害ですね。でも、こういうタイプの「下劣さを競う」競争はどこかで飽きられるとは思いますが。

山崎　いつかは飽きるでしょうが、SNSで流れる言論の状況を見ていると、より強い刺激を求めるオーディエンスの期待に応えるために、わざと酷《ひど》い暴言を発する競争に参戦していく人間が少なくないことを日々実感しますね。

そして、暴言を吐く者が増加すると、社会全体の良識と「反良識」のバランスが崩れて、「反良識」がスタンダードになってしまう怖さがあります。言っていいことと悪いことの基準が、昔と今ではだいぶ変わってしまいましたし、この区別がつかない人が国会議員や地方議員の中にも増えている。

自民党の杉田水脈《すぎたみお》元衆議院議員は、アイヌや朝鮮人などへの侮辱的なブログ投稿を繰り返したことで、「人権侵犯の事実があった」と法務局に認定されましたが、現職の国会議員で人権侵犯の認定をされるなど、常識で考えてあり得ないことです。本来であれば、その認定を受けた時点で国会議員という公職を辞職すべきでしょう。

にもかかわらず、杉田水脈はまったく反省のそぶりを見せず、人権侵害の暴言を自分の「売り」にして、講演などで差別発言を繰り返しています。

内田　仮に本人が議員の地位にしがみつこうとしても、党総裁が引導を渡して、辞職願を書かせるべきなんです。でも、自民党はそれをしなかった。「自民党の議員は一般市民なら処罰されることをしても処罰されない」という支配層の特権を誇示することを、「国会議員は一般市民以上の倫理的な高さを求められる」という民主政に対する信頼の保持よりも優先させた。国会議員に対して「一般市民以上の倫理的な節度」を求めないというのは、民主政の土台を掘り崩すことです。本当に罪深いことをしたと思います。

内部告発者のいない組織ほど危険

山崎　現職の国会議員が、国内のマイノリティへの攻撃を自分の「売り」にするという状況は、ナチスの例を挙げるまでもなく、社会の底が抜けて国家が粗暴な方向へと走り出したことを示す危険なシグナルです。

それを娯楽として愉しむだけの人間や、金儲けのビジネスに利用できるなら手を組もうと考える企業は、物事を倫理面で評価する基準を内面に持っていないように見えます。恐ろしいのは、今の日本はもはや国家レベルで、物事を倫理面で評価する基準を捨てているように見えることです。

倫理面の尺度でなく、当座の利益や当座の快感が、物事の判断基準になっている。差別やいじめの氾濫は、倫理面の尺度が欠落した「当座の快感を加害者とその同調者が集団で味わう状況」の拡大を意味しますが、欧米の企業と比べて、日本では名の知れた大企業でも差別に対する批判的姿勢が著しく弱い。

たとえば、プロテニスの大坂《おおさか》なおみ選手が米国内での黒人差別に反対するメッセージを繰り返し発信した時、ナイキやマスターカードなどの国際的企業は、それに賛同するメッセージを会社として出しました。しかし、日本では彼女をコマーシャルで使った日清食品の「大坂なおみ選手個人の言動に関しましては、コメントする立場にございませんので、コメントは差し控えさせていただきます」という冷たい態度が示す通り、彼女の道義的に立派な姿勢を突き放して傍観するような態度をとるスポンサーがほとんどでした。

その理由は恐らく、欧米企業のように「差別反対」の姿勢を明確にすれば、差別を娯楽として愉しむ大勢の日本人を「敵」に回すことになる、つまり顧客を失うことになるという、経営上の判断でしょう。それ以外に、差別反対という姿勢を明確にしない理由は見当たりません。

日本の国民性が「大勢に流されやすい」のは昔からよく言われていることですが、一方向へと向かう大きな「風潮の流れ」ができると、自分だけ、自社だけ目立つことを怖れて、その流れに同調して埋没する道を選びがちです。自分の内面にある倫理面の基準に照らして、倫理に反する大きな「風潮の流れ」に抗《あらが》ったり止めようとする個の力は、他国に比べて弱いと私は感じています。

内田　上がこうと決めたらこう、決まった以上はただ従うだけ。一度決まったことにはがたがた言わずに従う。日本の組織はどこでもそうでしょう。

山崎　だから日本の組織からはホイッスルブロワー（whistle-blower：内部告発者）がなかなか出てこないのですね。出てきても潰されてしまうからです。

２００２年には雪印食品が安価な外国産牛肉を国内産牛肉用の箱に入れ替えた「雪印食

品牛肉偽装事件」が取引先である西宮冷蔵に告発されましたが、後者は大口取引先からの取引停止を受け、その後は二度の休業に追い込まれました。

不正を目にしても見て見ぬふりをして加担するのでなく、内面の倫理基準に従って不正を告発した人が、社会から評価されずに追い詰められてしまう社会は、どこか狂っています。そして本来なら、内部告発を受けて不正を報道するメディアが、公益に寄与した人として告発者を守らねばならないはずです。

にもかかわらず、告発の内容を「ネタ」として消費する形で報道して利益を得ながら、内部告発者への報復的な動きが生じても傍観し、告発者の側に立たない。２０００年代に入って、そういう事例をいくつも見てきました。

内田　その一方で、日本国内の組織でも、警察と医療と教育の領域のほうが、営利企業よりも内部告発が頻繁に起きているように見えます。これはたぶん司法と医療と教育が、人間が集団的に生きてゆく時の最後の「砦《とりで》」だからだと思います。司法と医療と教育が腐ってしまったら、「もうおしまい」だと内部にいる人たちは感じている。だから、警察・医療・教育では、悪質な違法行為があれば、ほぼ確実にリークされます。今ある組織を守ることよりも、この組織に託された社会的使命を全《まっと》うすることのほうが優先順位が高いということを、組織内の人間たちがわかっているから、内部告発を厭《いと》わない。それに対して、民間企業では内部告発が起こりにくい。企業の目的が利益を出すことだからです。雇用されている社員たちには別に自分が雇われている会社の「社会的使命」がどうかなんてことは興味がない。ブランドイメージを守るとか、創業者の理想を守るとか、そんなことのために内部告発して、わが身を危険にさらすサラリーマンなんかいません。「この会社はダメだ」と思ったら、内部告発するよりも転職するほうが話は早い。

不祥事の割合に対して内部告発者が非常に少ないと感じるのは自衛隊です。自衛隊は構造的・体質的に不祥事の発生件数は他の組織よりも多いはずです。でも、内部告発の割合はきわめて少ない。これは危険な兆候だと思います。自衛隊員たちが自衛隊に託《たく》された社会的使命を全うすることよりも、できの悪い組織を延命させることを優先させるとしたら、これは営利企業と変わらない。自衛隊はせめて警察と同じくらいの頻度で内部告発がなされるようでなければならないと思います。

内部告発が多いというのは悪いことじゃないんです。その組織が使命感の強いメンバーを含んでいるということなんですから。むしろ内部告発がない組織こそ非常に危険な状態にあると思ったほうがいい。

第2章

地に落ちた日本の民主主義

第二次安倍政権で底が抜けた日本社会

内田　いつから日本社会はここまで壊れてしまったのかを振り返ると、やはり２０１２年末に発足した第二次安倍政権からだったと思います。政治家たちの言葉と論理の使い方が壊れてきたのに、メディアがそのことを批判しなくなった。山崎さんが『詭弁社会』（祥伝社新書）でも徹底的に批判されていますが、ここ10年ほどの間に政治家の言葉やロジックの破綻《はたん》や没論理性をメディアはまったく批判しなくなりましたね。

山崎　私は最近、よく「底が抜けた」という表現をＳＮＳで使っているのですが、第二次安倍政権以降はまさに社会の底が次々に抜けて、政治家とメディアの倫理のタガが外れた状態になってしまったという実感が強くあります。

誰かひとりの人間が、倫理のタガが外れたような態度をとっても、多数派が良識的であれば、その者は社会の自浄作用によって排除され、地位を失ったりメディアへの出演機会がなくなったりします。ところが、国の中枢である総理大臣や閣僚、与党の政治家が、倫理のタガが外れたような態度を集団でとるようになり、それを批判する社会的責務を負うはずの大手メディアが傍観や黙認でそれを許す姿勢をとってきたことで、いつしか「倫理のタガが外れたような態度」を批判する人間が、社会の中で少数派になってしまった。

そうなると、一般市民の間にも、「不正は悪いとは思うけど、いちいち批判しても仕方がない」とか「どうせ何も変わらないのだから」というあきらめの感情が社会に蔓延しました。こんな有様を、今まさに人格形成中の小中学生や高校生に見せるのは、計《はか》り知れないほどの悪影響があるように思います。

内田　もちろん過去にもろくでもない政治家は大勢いました。それでも内閣総理大臣になれるくらいの人であれば、基本的には頭が良かったし、国民の眼に「論理的な人間に見せようとする」くらいの気づかいはあった。ところが、安倍晋三《しんぞう》は総理大臣になったあとも「論理的な人間に見せる」努力も「賢い人間に見せる」努力も放棄しました。むしろ、支離滅裂なことを言い続けて、それが無批判に報道されることで権力基盤を強固なものにするという、思いがけない裏技を使うようになった。

それと「質問に対して、質問で返す」政治家が増えてきたのもこの時期からです。記者会見で質問をする記者に対してトリビアルな数字や条文について逆質問して、それに答えられないと「こんな基本的なことを知らない人間にこの問題を論じる資格はない」といって質問に答えずに記者を黙らせる。麻生太郎《あそうたろう》、橋下徹がその典型です。

山崎　政治家などの公人が、論理的に振る舞う努力をしなくなった事実は、今の異様な日本社会を読み解く上で、非常に重要なポイントだと思います。

安倍晋三とその後継者たちは、当座の政治的な私益だけを考えてそうしているのでしょうが、国全体の倫理的な安定という長期的な公益を考えた場合、国の根幹を腐らせて衰弱させる、罪深い行動だと言わざるを得ません。

国会議事堂内の中央広間には、日本の議会政治の礎《いしずえ》を築いた伊藤博文《いとうひろぶみ》、板垣退助《いたがきたいすけ》、大《おお》隈重信《くましげのぶ》の銅像が立っています。安倍晋三より前の政治家であれば、銅像になった彼らや犬《いぬ》養毅《かいつよし》、尾崎行雄《おざきゆきお》のような、後世に名を残す政治家たちに多少なりとも畏怖の念を抱いていたはずです。

ところが、第二次安倍政権以降は、「そんな先人の業績など自分には関係ない、彼らに敬意を払わなくても俺たちはやりたいことができるのだ」と言わんばかりの歪《ゆが》んだ全能感が、言動の端々から滲《にじ》み出るようになりました。

そんな傲岸不遜《ごうがんふそん》な態度は、国会答弁を見れば明らかです。もし、衆議院や参議院の議場で、犬養毅や尾崎行雄に見られているという畏怖の念があれば、自分に不都合な質問であっても、最低限の「品性」や「節度」を保った答弁をするはずです。国会議員の「品性」や「節度」とは本来、服装だけでなく、口から出る言葉やそれが織りなす論理においても保たれなくてはならないものです。

けれども第二次安倍政権以降の首相や閣僚は、国会答弁において、「品性」や「節度」がまるで欠落した、幼稚な子どもの口答えのような「言い返し」や、質問の論理的内容と関係ない話にすり替える「詭弁」ばかり弄《ろう》するようになりました。ある程度の知性を持つ大人なら、成熟した論理性のない、子どもじみた言葉を口から吐くことに抵抗を感じて躊躇《ちゅうちょ》するはずですが、彼らはそんな羞恥心など一片もないかのように、堂々と詭弁で煙に巻く態度をとります。

こうした異様な光景は、首相や官房長官の記者会見でも同じです。自民党の政治家が詭弁ばかり使うようになった最大の理由は、野党議員や報道記者とのやりとりを単純な「勝ち負けのゲーム」としか認識していないからです。政権の存続にも関わるような重要な質問を、「お答えは差し控えさせていただく」などの定形句で無力化すれば、自民党は常に「個々のゲーム」に勝ち続けることができる。野党議員や報道記者が、いくら論理的に的を射た批判的な質問を発しても、不誠実な詭弁を使えばその論理性を無効化できる。

この自民党のやり方は、子どもが口げんかで使う「屁理屈」の延長です。大人が論理的に子どもの問題点を指摘しても、子どもが幼稚な屁理屈で言い返す態度をとり続ければ、いつまでも話が終わらず、やがて大人は根負けして何も言わなくなる。50歳や60歳を過ぎた大人が、そんな子どもじみた屁理屈を国会という国の最高議会、国権の最高機関で恥ずかしげもなく吹聴するのはみっともない姿ですが、今の日本ではこれが常態化しました。

そして実際、首相や官房長官と対峙する大手メディアの政治部記者たちは、いつしか論理的な追及という権力監視の仕事を本気でやらなくなり、あらかじめ相手が詭弁ではぐらかすことを想定したような、ニュース記事の体裁を整えるための形式的な質問しか投げなくなりました。

この無気力な構図が常態化したことは、厳しい追及をされたくない自民党にとっては大勝利です。野党議員や政治部記者からの質問を詭弁で無力化し、言葉によるコミュニケーションを一方的に遮断することで、絶大な権力を握る首相や内閣、与党へのあらゆる批判を無効化できるからです。

このような形で、「お答えは差し控えさせていただく」や「そのようなご批判はあたらない」などの、人を小馬鹿にしたような定形句を日本社会が許してきた結果、意味のある有意義な議論は国会からほとんど姿を消しました。

また、詭弁によるコミュニケーションの遮断には、相手の言葉を門前払いすることで、そんな汚い手を使う自分たちのほうが上の立場であり、お前たち下の立場の人間は逆らっても無駄だという無力感を植え付ける心理的効果もあります。今の日本の政治家は、そんな悪らつな技法を意図的に使っていると感じます。

気づけばパワークラシーの国になっていた

内田　僕も山崎さんの見方に全面的に同感します。この政治状況をどういう言葉で表現すればよいのだろうかと考えて、思いついた造語が「パワークラシー（powercracy）」です。

これまでさまざまな政体が存在しました。王政（monarchy）、貴族政（aristocracy）、寡頭政（oligarchy）などなど。そして、今の日本はとりあえず民主政（democracy）だということになっています。政体の分類は誰が主権者であるかによって決まります。主権者が王なのか、貴族なのか、特権的少数者なのか、民衆なのか。それによって政体の名前は決まる。ではいったい今の日本の主権者は誰なのかと考えると、「すでに権力の座にあるもの」と言うしかない。

どのような政体においても、権力の座にある者はそのような特権を享受していることについてその根拠を示す必要がありました。「王権を神から授《さず》かった」とか「英雄や建国の功績者の血統に連なる」とか「例外的な智者である」とか、何か他のメンバーとは明確に差別化できる根拠が必要だった。でも、パワークラシーの国では、その根拠となる権力者の属性が「すでに権力者である」こと以外に不要なのです。知的に優れているからでもないし、政治的能力が例外的に高いからでもなく、「すでに権力者である」ことが「これからも権力者である」ことの根拠になる。同語反復です。

パワークラシーの社会では、「現に権力的にふるまっている」という事実そのものが、「これからも権力者であり続けること」の正統性の根拠になる。ですから、ここで話が逆転するのですが、権力的な態度を誇示することが権力者の本務になる。人の話を真面目に聞かない、質問に答えない、言明の根拠を示さないなどの行為を通じてこまめに他人に屈辱感を与えることが権力の基礎づけになる。つまり「いやな奴」をシステマティックに演じることそのものが権力者の仕事になるというのが、パワークラシーの特徴だということになります。

山崎　ご指摘のような、政治家が公僕でなく支配者然として振る舞うパワークラシーと並行して、日本人の従順さの度合いも、この10年でより深刻化しているように私は感じます。傲慢《ごうまん》な権力者のパワークラシーと国民の上位者への従順さが組み合わさることで、日本という国がより不健全になってしまっています。

ただし、日本社会がこのような状態に陥るのは今が初めてではありません。日本の歴史を振り返ると、たとえば大日本帝国時代においても、大正期から昭和初期への移行期には、日本人は今と同じように「お上＝政府」に対して少しずつ従順になっていったように思います。

明治初期の実情を記した文献を読んでみると、当時の日本国民にとっての明治天皇の権威は、現代の日本社会で一般に思われているほど大きくはなかったようです。むしろ「天皇って誰？」と素朴な疑問を抱く国民も少なくなかった。江戸幕府の時代には、朝廷と権力者、水戸学などを学ぶ一部の学者を別にすれば、天皇という存在は多くの国民の生活には関係がありませんでした。民が従う対象の統治者は、自分が暮らす藩の殿様やその代官であって、天皇ではなかったのです。

その後、教育勅語が政府から発布されて明治天皇の権威付けが進み、そうした教育を受けた人間が教師として子どもを教える立場になると、国民の思考も徐々に天皇と国体（国家体制）への忠義を重んじる方向へと変わっていきました。教えられたことを疑わないという意味での「真面目さ」を備えた善良な人ほど、天皇という絶対的に偉い人が下さったありがたいお言葉（教育勅語）に皆で従いましょう、それが道徳的で正しい振る舞いです、という思考形態に染まり、国家の望む臣民（天皇に仕える民）に自ら変わりました。

大正時代になると、ヨーロッパから「個人の人権」などの概念が入ったことで、国民の意識も「社会が不完全であるなら、人民は改善を政府に要求してもいいのだ」という方向に少しだけ変化しました。吉野作造《よしのさくぞう》の「民本主義」など、人民の権利を尊重する考え方が、社会運動にも影響を及ぼしました。

しかし、第一次世界大戦後の１９２６年に昭和が始まり、１９３１年（昭和６）の満洲《まんしゅう》事変と翌１９３２年の満洲国建国で軍部の発言力が増大した頃から、国民の意識は再び、国家主義つまり国民は国家に奉仕する立場だという方向へと揺り戻されていきました。そこでは、国策に忠実に献身奉仕することが、大日本帝国の臣民としての当然の態度とされ、国家や政府を疑うという視点を持つ者は「非国民」、つまり日本国民ではない裏切り者との烙印を押されました。

そんな空気が社会に充満すると、積極的に国家や政府に従う意思を持たない国民も、当座の保身や打算で大勢に迎合し、政府の方針に疑問を抱いても口には出さず、軍部など声の大きい支配者に従う受け身の態度をとるようになります。１９３７年の前半、日本国民は止まらない物価高に苦しみ、生活を圧迫されていたにもかかわらず、政府は極端な軍事費偏重の予算案を可決し、国民はそれに従いました。

そして同年7月に日中戦争が始まると、日本国民は1945年の敗戦まで、政府と軍部の言うことに受け身の思考で従い、食べ物や生活物資が不足しても我慢し、創意工夫で乗り切りました。「自分たちがこんな目に遭っているのは、政府が無能あるいは失敗しているからではないか」という当然の疑問を抱くこともせず、政府にどこまでも従順であり続け、財産も命も国家体制に差し出しました。

戦時中と現在を比較しても、今ひとつピンとこない人が多いかもしれませんが、先の戦争中の事例は、「国民が過剰に従順な思考に囚われれば、政府や国家が道を踏み外して暴走しても、それを止める力が実質的に無くなる」という恐ろしい事実を後世の我々に教えています。政府や軍部など、権力を持つ支配層が暴走した時、国民はどう対処するかという想定を、我々は常に思考の片隅に置いておかないといけない。それが先の戦争での悲惨な経験からの学びです。

過剰に従順な思考とは、具体的にはどんなものなのか。具体例を挙げると、首相や政府の発言を無批判に報じるようになった大手メディアの態度です。

民主主義のジャーナリズムは、権力者の言動を常に「性悪説」で捉え、批判的思考で検証し、問題点を率直に指摘します。報道記者は、特定の会社に所属する「社員」でなく、それぞれ独立した個人の「ジャーナリスト」という意識を持ち、記者会見での質問やニュース記事などを通じて、国民の知る権利や公益に奉仕する仕事に誇りを持っています。

しかし今の日本には、こうしたジャーナリズムがほとんど存在しなくなったようです。あるのは単なる「メディア（媒体）」です。日本の大手紙や在京・在阪のテレビ局、NHKなどの政治部記者は、独立した個人ではなく、それぞれの会社に所属する社員で、社内の人事に従って政治部記者になり、何年かしたら別の部署で「昇進」します。彼らは社内で出世するため、政治部記者という立場にある間は波風を立てず、つまり取材対象の政治家と良い関係を築き、権力者の言動を「性善説」で捉えて、政府広報のような仕事をしています。

先に言及した詭弁の問題にしても、本当なら記者会見の場でジャーナリストが「それは説明責任を放棄する詭弁だ」と指摘して、厳しく批判しないといけない。ところが、大手メディアの政治部記者は、権力者の欺瞞《ぎまん》を見抜くという視点が最初からないので、政治家の口から出た言葉をただ垂れ流すだけ。独立した個人のジャーナリストとして仕事をする、フリーランスの記者や外国人記者は、会見場から締め出されたり、質問の機会を与えてもらえない。

その結果、首相や官房長官の記者会見は、詭弁とそれに過剰適応した政治部記者の予定調和による茶番劇と化し、馴れ合いの構図にあぐらをかいた権力者はますます増長していく。国民不在の悪循環はエスカレートする一方です。

メディアは情報を秘匿し、政治家は暴言で人気を得る

内田　大手メディアは権力者に対しては無批判ですが、その非対称性が読者に対しても発揮されているように思います。記者たちが読者を見下している。自分の知っていることの一部だけを「教えてやる」という構えで、自分が取材し、知り得たことのすべてを伝えるという気がない。

もう10年以上前ですが、紙面審議委員をしていた時に、朝日新聞の政治部長に、ある記事について「意味がわからない」と質《ただ》したことがあります。すると、政治部長がその出来事の背景について丁寧に説明してくれました。話を聴いたら「なるほど」と腑に落ちた。でも、その時に「じゃあ、どうして今の話を記事にしないんですか」と思わず抗議しまし

た。すると「ジャーナリストには情報源を秘匿する義務があるので、情報源が特定されるような記事は書けない」という答えでした。

たしかにその通りなんでしょうけれど、記者たちは「これはオフレコだよ」という条件付きで、「ここだけの話」をいろいろと聴き込んでいる。だから、ある政治的出来事について、それがどういう歴史的文脈で起きたもので、誰がステークホルダーで、どういう利害の絡みがあるのか……などについて読者にはアクセスできない貴重な情報を持っている。だから、ある意味で正確な記事が書ける。でも、知っていることの全部を記事には書かない。でも、正確だが断片的な情報が羅列されているだけでは、読者には記事の意味がわからない。

この読者との情報読解力の水位差を記者たちはなんとか維持しようとしているように僕は感じるんです。オフレコの情報は書けないというのはわかるんです。でも、記者たちは何となく「記事にできない情報を知っていれば知っているほど、よい記事が書ける」と信じているような気がする。でも、自分たちが裏の事情を熟知しているなら、読者は何も知らなくても構わないというのはジャーナリストの思い上がりだと思います。

山崎　それは私も常々感じますね。以前にある新聞の政治部記者が、「取材対象と良い信頼関係を結んで、彼らの本音を聞くことが我々の仕事だ」と書いている記事を見たのですが、何と甘い考えなんだろうと呆れてしまいました。

老獪《ろうかい》な政治家が、ただの記者に本音を言うわけがありません。そこで語られる「本音と称する言葉」は、実際にはその政治家が「記者に書かせたいストーリー」に過ぎないことは、少し考えればわかるはず。

ところが、先に述べたような「批判的視点のない政府広報のような仕事」にどっぷり浸《つ》かって、政治家から時々エサのように与えてもらう「リーク情報」を記事にして、それを社内で上司に褒められるような日々に過剰適応すれば、自分がその政治家に「いいように利用されている」という状況を客観的に認識できなくなります。権力に飼い馴らされているという自覚がなくなる。

権力者の言動に「疑問を抱かない」というのは、民主主義国のジャーナリストなら即座に「失格」と見なされますが、日本の大手メディアの政治部では逆に、その資質が高く評価されて、社内で出世街道を進む秘訣となっています。

内田　新聞は批評性を失ったと思います。批評性というのは別に手厳しく何か攻撃するという意味ではありません。長いタイムスパンの中で、広い空間的な見通しの中で、今起きている出来事を分析し、解釈することです。それによって、読者たちの日常的なものを見る枠組みを揺さぶり、拡げる。新聞記事を読むことで、読者が「臆断《おくだん》の檻《おり》」から逃れ出て、ものの見方が広がり、深くなる。そういう遂行的な効果をもたらす報道が批評性のある報道だと僕は思います。果たして、それをミッションとしているメディアはあるのか。

２０２４年６月の調査で、讀賣新聞は発行部数５８６万部、朝日新聞は３４０万部でした。15年前に讀賣は１０００万部、朝日は８００万部でしたから、驚くべき部数減です。中でも朝日新聞の減り方が顕著です。15年間で60パーセント減は単に読者層が高齢者なので、読者がだんだん死んだせいで部数が減ったということでは説明がつきません。長年の読者たちが新聞購読を止めたということです。つまらないから。

山崎　営利企業としての経営的な事情は、それぞれあるでしょう。けれども、ジャーナリズムの機能停止は、国民全体にとっての不利益で、国の将来や日本の民主主義の維持にとっては明らかにマイナスですからね。

「強そうな指導者」を求める国民心理

内田　国民に負担や犠牲を求める政治家と、国民の生活を支援したいと訴える政治家では、前者のほうが支持されるという傾向がありますね。これ、おかしいと思うんですよ。だって、国民の生活を守りたいという政策で訴える候補者には投票しないで、「国民には人権などない」とか「国民主権という発想そのものが間違っている」とか暴言を吐く政治家のほうに票が集まるんですから。明らかに倒錯しています。でも、これがパワークラシーということなんです。

有権者の眼には、自分たちのために手を差し伸べる政治家よりも、自分たちを侮《あなど》る政治家のほうが「偉そう」に見える。そして、この人がこんなに偉そうにしているのは権力者だからだと推論する。そして、「権力者というのは理不尽に権力を行使するものなのだから、この人が権力者であるべきだ」と考えて投票行動に移す。国民にとって一番ありがたい政策を掲げているのは共産党とか、れいわ新選組とか社民党じゃないですか。でも、自分たちの生活をよくしてくれそうな政党に有権者のほとんどは投票しない。

わかりやすい例は麻生太郎ですね。この人は「偉そうにする」以外、有権者に向かってはほとんど何もアピールしていません。でも、有権者は「これほど偉そうにできるのは、それだけ強大な権力基盤があるからに違いない」と考えて、「すでに権力を有している者が引き続き権力者であるべきだ」というパワークラシーのロジックに従って麻生太郎に投票する。

　先ほど、山崎さんは戦前の日本では国民がどんどん従順になって政治の暴走を抑えられなくなったと言われていましたが、僕は国民が自主的に従順になったのではなく、やはり政治的に無力化された結果、従順になったのだと思います。治安維持法などの法整備によって政府は国民の政治的自由を大幅に制限しました。政治的に無力化された国民は、「自分たちに対してこれほど理不尽な権力を行使できるのは、圧倒的な権力者だからに違いない」というふうに推論して、従順になる。鍵は「理不尽」というところなんです。

　合理的に思考し、国益にとって最適な政策を選択する為政者は尊敬されることはあっても、恐れられることはありません。次の行動が予測可能だからです。でも、国民を苦しめ、国益を損なうような「理不尽な」政策を平然と採用する為政者は恐れられる。次の瞬間何をするかわからないからです。すると、「こんな理不尽なことができるのは、とてつもない権力を持っているからだ。だったら逆らわないほうがいい」と国民は考える。「国民のためになる政治」を目指す政治家は合理的にふるまうから国民から軽んじられ、「国民に犠牲を強い、国民から権利を奪う」政治家は非合理的にふるまうから国民から恐れられる。だったら、「善い人」よりむしろ「いやな奴」であるほうが政権基盤は安定する。

国民との約束を守る政治家よりも、平気で食言《しょくげん》する政治家のほうが統治者として畏敬される。21世紀になって世界の政治家たちにこの「成功体験」が深く内面化された。第二次安倍政権以降の自民党政権もそのような世界史的文脈の一露頭《ろとう》ということだと思います。

山崎　国民の従順さや権力に対する弱さが何に由来するものなのか、と考えていくと、確かにその側面はあるかもしれません。

エーリッヒ・フロムは『自由からの逃走』（東京創元社）という著作で、ドイツ社会がナチズムに傾倒していった理由について「多くの人間は力を持つ強い権威に憧れ、それに服従することで自分の弱さを補おうとする」と考察していますが、強者がさらに強くなり、弱者がますます従順になる構図は、今の日本社会と重なります。生活環境が悪化する中で、強い支配層の収奪という原因に目を向けて怒るのではなく、逆に「強そうな指導者」に依存する心理を強めてしまう。

第二次安倍政権がどこまで意図的にそれを仕掛けたのか、それとも結果的にこうなったのかはわかりませんが。

管理を強化すると国力は衰える

内田　これはどの国についても言えることですけれど、国力の向上期・停滞期・衰退期ごとにシステムが変わります。僕は1950年生まれですから、10代20代の頃が国力の向上期に当たります。こういう時代は社会に非常に活気があります。あらゆるセクターで次々とイノベーションが起きる。そして、社会が創造的な時代の特徴は中央政府のコントロールが効かないということです。

高度成長期と呼ばれるのは1955年から73年までですけれど、これは60年の安保闘争、60年代末の全国学園紛争を含む政治的激動期と重なります。市民運動や労働運動も盛んでした。地方自治体で、横浜の飛鳥田一雄《あすかたいちお》、東京の美濃部亮吉《みのべりようきち》、大阪の黒田了一《くろだりよういち》など次々と共産党、社会党系の首長が誕生したのもこの頃です。70年代初めには革新自治体下に日本国民4500万人が生活していました。そして、政治的には「混乱期」と呼んでよいはずのこの時代に、日本経済は年率10パーセントという異常かつ驚異的な角度で成長していたのです。

けれども、その後、政治的な混乱が収まるにつれて、経済成長率は鈍化し、バブル崩壊後に到来した「失われた30年」はまさに日本の衰退期に当たるわけですけれども、政治的には自民一強の「安定期」だった。国民の異議申し立てや政権交代がある時代には国力が向上し、それがない時代になって国力が衰えた。他の要素もありますから、一概に因果関係があるとまでは言えませんが、「管理と創造は食い合わせが悪い」というのは間違いのない経験的事実です。管理が過剰になれば必ず創造は枯渇《こかつ》し、国力は痩《や》せ細る。これが今の日本で起きていることだと思います。

山崎　管理者が有能であれば、国力や創造性も向上するようなイメージがありますが、実際にはそんな絵空事《えそらごと》のようなことはまず起こりません。

そして、内心で自分の能力に自信がなく、失敗を怖れる人間がたまたまトップや中間管理職になると、保身のために「過剰な管理」に走り、組織の活力や創造性を弱らせる結果を生み出します。

政府だけでなく学校でも、そんな構図が存在するように思います。私の経験を述べると、小学校では規則もほとんどなく、自由にのびのびと日々を過ごしていたと記憶していますが、中学に入ると急に、必要性がよくわからない細々とした規則に縛られるようになり、内申書という高校進学に影響を及ぼす書類にどう書かれるかを皆が心配して、心理的に萎縮《いしゅく》するようになりました。

小学生の時には元気はつらつとしていた友だちが、中学に入っておとなしくなり、誰もが教師に逆らわず従順な生徒になっていくのを見て、私は違和感を覚えました。校則に疑問を呈しても、担任教師は詭弁ではぐらかすだけ。生徒を管理しようとする教師と学校の姿勢に嫌気が差し、中学三年はほとんど登校せず、平日の昼間に大阪の梅田《うめだ》やアメリカ村《むら》に出かけて、映画を観たり古本屋でさまざまな分野の本と触れたりして過ごしていました。

教師や学校から見れば、私のような生徒が一番やっかいだっただろうと思いますが、よくわからない管理に従わずに反抗するという経験をその頃から積んだおかげで、私は自立心や創造性を削られずに済んだと思っています。

内田　管理を強化すると必ず国力は衰える。日本政府はバブル崩壊のあと、ひたすら管理強化だけを追求してきた。パワークラシーは政治プロセスの活性化を防止する上できわめて効果的な方法です。権力者が「現に権力者であること」が権力の正統性の根拠であるなら、権力者をその座から引きずり下ろすことは原理的には不可能になるからです。

僕が政治について発言すると、「政治に文句があるなら自分が国会議員になれ」ということを言ってくる人がいます。インフルエンサーを批判すると「お前もフォロワー数が同じになってから言え」と足を引っ張る。これは全部同じロジックなんです。「現状を批判したければ、この現状の中でキャリア形成を遂げてからにしろ」と。これ、言い換えると「現状を批判したければ、まず現状を肯定しろ」ということなんです。狡猾《こうかつ》な論法です。でも、これは橋下徹はじめ、成功したインフルエンサーたちが好んで採用しているものです。これにあっさり引っかかる人が多い。

社会的弱者が弱いのは、「弱さ」に居着いてしまって、それを宿命として受け入れてしまっているからだと思います。弱さに居着いていれば、それはある意味で現状に対する消極的な抵抗になる。でも、向上心を持ってしまうと現状肯定することになる。現状肯定するのは嫌だ。それなら「弱いままでいいか……」という弱者の「揺らぎ」をこのロジックはうまく衝《つ》いていると思います。

マルクス的に考えると、「鉄鎖《てっさ》の他に失うものを持たない」プロレタリアは革命闘争以外に選択肢がないのだから、当然革命を起こすはずでした。でも、実際には世界史はこの法則には従いませんでした。先進工業国でもプロレタリアは、しばしば「ルンペン・プロレタリアート」となって権力者たちを熱狂的に支持した。ということは、政治的権力を支えているのはかなりの程度までは幻想なんだということです。現に自分の生活が苦しいからという理由で「あなたの生活をよくします」と約束する政治家を支持するわけではない。「お前の生活が苦しいのは自己責任だ」と言い放つような政治家を頼もしく思ったりする。

今の日本はもう「泥舟」状態です。政治家も官僚も財界人も、もう日本の国力をV字回復させる気はない。さいわい日本は豊かな国ですから、まだ50年や100年は売り飛ばしたり、食いつぶしたりできるくらいの資源は残っている。だから、自分たちが公権力を駆使して私利を図り、公共財を私財に付け替えることができるように今のシステムを死守したい。そのためにはとにかく「新しいこと」が決して起こらないような社会の仕組みにしておく必要がある。とにかく創造の「新しい芽」をつぶす。管理はそのためにしているんです。別に強権的に弾圧するまでもない。山のようなブルシットジョブを背負わせて、組織にいる人間を全員疲労困憊《こんぱい》させておけば、「新しいこと」は何も起こらない。そうやって国はどんどん衰退してゆくのだけれど、支配構造は揺るがない。今の日本の支配層が考えているのは、残念ながらもうその程度のことです。

過去に例のないいかがわしさが露呈した都知事選2024

山崎　政治の世界で言葉や論理がないがしろにされ、物の道理や倫理観の欠如が浮き彫りになったという意味では、２０２４年の東京都知事選も非常に象徴的だった気がします。

結論から言えば現職の小池百合子が3選を果たしましたが、今回ほど荒れた都知事選もないでしょう。過去最多となる56人の立候補、卑猥《ひわい》なポスターや候補者ではない人物のポスターが掲示されたり、政見放送で服を脱いだり奇声を発したりする候補者が現れるなど、日本の首都の知事を選ぶ選挙にふさわしくない低次元な騒動が次々と発生しました。

しかし、私が深刻だと思ったのは、現職の小池百合子に関する複数の不正疑惑を、大手メディアが投票日までまったく報じずにいた態度でした。

たとえば、東京都庁に映像を投影する「プロジェクション・マッピング」と呼ばれる事業について。小池都政は大手広告代理店「電通」の子会社に発注しましたが、2年間で総事業費が48億円という巨額の発注であるにもかかわらず、東京都は契約に関する情報の公開を拒み、入札の審議はたった10分、事業申請者と承認者と入札責任者が同一人物（東京都産業労働局の観光部長）、どのように入札を決めたのかを記録した議事録も作られていないという、不正を疑われても仕方のない、不透明きわまりない案件でした。

また、日本共産党の機関紙「しんぶん赤旗」は、都知事選の告示日直前の２０２４年6月16日、東京都にある五輪選手村や神宮外苑《じんぐうがいえん》再開発などの大型再開発を主導する三井不動産グループ2社に、都局長ら幹部14人（うち8人が再開発事業を所管する都市整備局の元幹部）が天下りしていた事実を報じました。同記事によれば、五輪選手村用地は、三井不動産レジデンシャルを代表企業とする大手不動産11社に都が近隣地価の9割引きで売却したとして住民らが損害賠償を求めて提訴しており、これも不正が疑われる案件です。

にもかかわらず、大手企業の広告・コマーシャルの収入に依存する大手メディアはこれらの不正疑惑を報じない態度を貫き、とくに三井不動産のCMをたくさん流す民放テレビ各局は選挙期間中ほとんど都知事選の話題を番組で扱いませんでした。もし都民がこれらの不正疑惑について、投票前に情報を得ていたなら、都知事選の結果は変わっていたかもしれません。

内田　昔から選挙広報というのは相当にいかがわしいものではありました。明らかに精神を病んでいる人が選挙公報に登場して、政見放送もしていた。でも、それは「民主主義のコスト」として引き受けるべきで、立候補のハードルを高く設定すべきではないと僕は思っていました。でも、今回の都知事選はたまたま都内に借りている部屋の郵便物として配布されていたので目にしたのですが、過去最高の下品さでしたね。ここまで国民が非常識になったのか、いささか暗澹《あんたん》たる気持ちになりました。いつも言っている通り、政治において重要なのはたいていの場合「原理の問題」ではなく「程度の問題」なんですけれども、その「程度の問題」として常軌を逸していました。公選法というのは「性善説」に基づいて制度設計されている制度なんですけれど、その弱点を狙い撃ちしたような選挙活動でした。

山崎　あらためて振り返ると、小池百合子を取り巻く二つの問題が都知事選で可視化されたことが、私には非常に印象的でした。

ひとつは、徹底した「論理性の軽視」です。記者会見の質疑応答で、彼女は論理的な質問のやり取りを最後まで頑《かたく》なに拒絶し続けました。なぜあそこまで頑なに質問への誠実な回答を拒絶したのかと考えると、おそらく論理的に対応する自信がないこと、そして「論理性を軽視しても今の社会では通用する、むしろそのほうが有利になる」と確信していたからだと思います。

彼女はテレビ業界の出身ですから、テレビをどう使って印象操作すれば宣伝として効果的なのかというテクニックを熟知しています。それゆえ、記者と論理的なやり取りを誠実にする代わりに、不都合な質問は徹底的に拒否することを選んだ。ニコニコと笑いながら、わざと記者の質問に誠実に答えないことによって、権力者としての自分の強さをアピールしていく戦略です。

そうすると、「小池さんは強そうだから今回も任せよう」という有権者の受け身な思考に響くわけですね。民主主義としては本末転倒な手法ですが、それでも彼女はそのやり方によって今の地位に留まることに成功した。

ではその強さが盤石かというと、実態としては非常に「弱い」んだと思います。つまり今回の都知事選で浮き彫りになったもうひとつのことは、小池百合子知事の「政治家としての脆弱《ぜいじゃく》さ」です。政治家としての本物の強さが彼女にあるなら、堂々と記者の質問に答えられるはずなんです。自分にとって都合が悪い質問であっても、能力に自信があれば、一般市民の前で逃げずに受け答えできる。でも彼女はそれをせずに、自民党や電通などの「力」に頼る道を選びました。

これは自民党も同じです。自民党の力の源泉は、統一教会や日本会議などの宗教系政治勢力、財界（大企業）などの後押しです。それらの力を借りて、自民党は選挙で勝たせてもらっている。その見返りとして、大企業に利権を与えたり、政策面での要望に従うなどのリターンを与えて関係性を維持しているのですから、小池百合子も自民党も、政治家としての能力面で本物の強さがあるわけではないんです。

２０２４年の都知事選は、小池百合子という人物の小ささと弱さ、うさん臭さがはっきりと浮かび上がった選挙だったと思います。政治家としての弱さが露呈してしまった今、彼女はもう二度と国政には戻れないはずです。

安倍晋三も小池百合子もじつは「小物」

内田　候補者が倫理的に弱い人間であるほうが有権者からは「親しみ」を持たれるという倒錯は、ずいぶん前から日本社会を覆《おお》い尽くしてきたように思います。小池さんについて言えば、「言質《げんち》を取られたくない」「失言したくない」というディフェンスの固め方が異常でしたね。街頭のヤジにまでナーバスになっていましたし、メディアの取材を避けて選挙期間中は公務と称してひたすら逃げ回っていました。でも、その「弱さ」を隠しおおせたというところが、「政治家としてしたたか」というふうに今度は評価される。

山崎　小池百合子も安倍晋三も、政治家としての能力は、全然大したことがない。イメージ操作による粉飾を別にすれば、政治家としての実績もこれといって存在しない。どこから見ても、政治家としては小物です。歴史に名を残すような優れた政策はひとつも行なっていないし、見識ある言葉も全然見当たらない。後世の人間が見れば、トリックスター的な政治家として扱われることは確実でしょう。

内田　安倍晋三には「大日本帝国への回帰」というはっきりした政治的目標はあったと思います。そして、これがある種の日本人の心の琴線《きんせん》に触れるメッセージであったことは認めないといけない。でも、それは「もう一度戦争ができる国になって、軍事力を以《もっ》て世界を睥睨《へいげい》したい」という病的に妄想的なものでしたから、結局何も実現できなかった。できたのはせいぜい国民の無権利状態を推し進めて、社会を抑圧的で息苦しいものにしただけです。対米、対中国、対韓国、対北朝鮮、対ロシアのどの国際関係においても、相手国から「畏敬される」というような成果は何一つ達成できなかった。

それでも、安倍晋三と小池百合子を「同程度に小物」として扱うのは安倍さんに気の毒という気がします。安倍晋三の妄想には彼の血肉が感じられますけれど、小池さんには都知事として政治家として実現したいビジョンそのものが何もない。自分の内面から湧き出て来るような肉声的なものが何一つない。公約を見れば「ああ、電通が考えたものだな」と一目でわかる。

山崎　確かに、怨念めいた政治的野心は、安倍晋三にあって小池百合子にはないですね。母方の祖父である岸信介《きしのぶすけ》への憧憬《しょうけい》もあって、安倍晋三は大日本帝国的な権威主義国に日本を一歩ずつ回帰させたいという壮大な野心があった。

一方、小池百合子はその時々で自民党の有力政治家に取り入って存在感を高めつつも、最終的にこの国や東京都をどうしたい、どんな政治目標を達成したいという展望は何も見当たりません。彼女にあるのは、卓越したメディア利用の上手《うま》さと、それを通じた国民の心情掌握のテクニックだけです。

メディアの記者は、政治家の公約を読み、要点をまとめて記事にすることが仕事ですが、小池都知事はその手間が省けるように、コンパクトなキーワードをあらかじめ用意している。記事の見出しにすぐ使えるよう、食べやすいひと口サイズに切った料理のようなフレーズを記者にエサとして与え、記者はそれに食い付いてそのまま小池の思惑に沿った記事を書いてしまう。

中身は空っぽでも、広告のコピーのような訴求力のある言葉をことあるごとに発信して、メディアを手下のように使う手腕は巧妙だなと思わされます。

内田　同じ話の繰り返しになりますけれど、選挙報道を見ていると、メディアの劣化をしみじみ感じますね。

山崎　国境なき記者団が毎年発表している「報道の自由度ランキング」によると、日本の順位は第二次安倍政権が発足した2012年以降ずっと低迷していて、現在は70位です（2024年度）。

低順位の理由として毎年指摘されているのは、政治家や大企業にメディア側が過剰に配慮する、自己検閲（セルフセンサーシップ）の強さです。日常的に政府と大企業が主要メディアに圧力をかけていて、さらにメディア自身も自己検閲を行なって都合の悪い情報を隠している、と。

ところが、メディア各社の人間は、自分たちに都合が悪い「報道の自由度ランキング」の順位から国民の目を逸らしたいので、この内容を記事にする際にも「低順位である理由」を詳しく書かず、自己検閲で隠しています。

これがプロサッカーの世界だったら、FIFA世界ランキングで日本代表の順位が大きく落ちれば、自分たちは何をすべきかと、監督や選手は考えますよね。当事者としての危機感が生まれ、改善という行動につながっていく。

でも日本のメディアで働く人の中に、「報道の自由度ランキング」における日本の低順位に危機感を持っている人が誰かいるでしょうか。私はひとりも名前を挙げられません。もし当事者意識と危機感を持つ業界人が増えれば、業界内で議論と自浄作用が起きて、変わっていけるはずだと思いたいのですが。

内田　難しいでしょうね。真剣に「ジャーナリズムの社会的使命は何か」を考えている記者がもう大手メディアにはほとんどいませんから。これはもうそう断言していいと思うんです。だって、「その指摘は間違っている」と僕たちに反証することなんか本当に簡単なんですから。批評性のある記事を書いてくれて、僕たちがそれを「つい面白くて一気に最後まで読んでしまった……」という経験をしたら、僕たちはすぐに前言を撤回して、「日本のメディアは健在だった」と欣喜雀躍《きんきじゃくやく》するわけなんですから。僕らが「日本のメディアについて不当な批判をしたことをお詫びします」って平身低頭しなければならないような仕事をしてくれることを僕たちは切望しているんです。

まっとうな論理が失われ、詭弁だけが残った

山崎　私も、SNSではメディアの問題点をしょっちゅう批判していますが、良い記事があれば褒めて紹介することも時々あります。朝日新聞のネット版を購読していると、有料記事のリンクを「プレゼント」という形で投稿に貼って、購読者以外の人も2日間ほど無料で全文読める形で紹介できます。

でも、ただ「良い記事」を書くだけでは、ジャーナリズムの社会的な責任を果たしたことにはならないようにも思います。これは、個々の記者よりもむしろ上司や上層部、社内の構造に起因する問題ですが、権力者や大企業ではなく国民のためになる記事を書く記者を正当に評価する尺度が、今の大手メディア各社にあるかと言えば、かなり疑わしいのではないかと私は見ています。

それは、政治家のいやらしい詭弁に対する政治部記者の無気力な迎合姿勢を見れば明らかだと思います。彼らが権力にかしずく姿勢は、政治家に厳しい質問をして、相手の機嫌を損ねても問題の本質を浮かび上がらせるような報道人の仕事を正当に評価するシステムが、社内に存在しない事実を示しています。

その結果、記者会見での政治家の答弁は、人を小馬鹿にするような詭弁ばかりとなり、政治の世界から論理的な誠実さが消失しました。首相も大臣も自民党の一般国会議員も、皆が詭弁を弄して自己宣伝と自己防衛に走り、地位を守っている。

内田　自民党には便利に使える詭弁の得意なインフルエンサーがたくさんいますからね。

山崎　国の最高議会で詭弁使いがのさばることの弊害は大きいです。国会中継を見ているとわかるのですが、首相をはじめ自民党の政治家は、野党の質問をいかに不誠実にはぐらかすかという点に注力しています。そして国会に呼ばれた官僚たちも、幕府に仕える官吏《かんり》のように自民党政権に奉仕して、詭弁のカンニングペーパーを作る仕事で国民を裏切る態度をとっています。

そうした構図を日々見せられることで、国民の政治意識もどんどん歪んでしまったようです。強い立場の人間は、弱い立場の人間に対して、不誠実な態度をとってもいいのだ、相手を愚弄《ぐろう》してもいいのだ、という風潮を、自民党政府はおそらく意図的に創り出しています。この不毛な光景を延々と見せられると、国民は無力感に襲われ、真剣な抗議や抵抗運動を続ける意欲も失っていくでしょう。

内田　安倍政権以降定型化した「ゼロ回答」ですね。野党がどれだけ論理的に、根拠を示して質問しても、一切答えない。質問をどう換えても、官僚が書いた同じ原稿を繰り返す。相手の質問を理解している振りすらしない。

国会の審議がまったく無意味なパフォーマンスであることをそうやってテレビを通じて誇示することによって、自民党政府は国権の最高機関としての国会の威信を効果的に引き下げてきたんだと思います。国会審議が空洞化し、重要な政策は閣議決定だけで現実化する。そうすれば立法府に対して、行政府が圧倒的に優位になる。

あの国会質問の不誠実さは単なる権力の座にあぐらをかいた怠慢《たいまん》だけではないんです。あれはきわめて効果的な独裁制への移行なんだと思います。議員内閣制においては、政権与党が立法府で圧倒的な多数を制していれば、与党は自分たちの好きな法律を制定して、それを執行することができる。そもそも独裁制というのは「法律の制定者と執行者が同一である政体」のことですが、今の日本はもうそうなっています。だから、安倍晋三は国会で「私は立法府の長である」という「失言」を繰り返しましたけれども、彼は行政府の長であって、立法府の長は衆参院議長です。そんな基礎的なことを言い間違えたのは、憲法をちゃんと読んでいなかったということもあるのでしょうけれど、実際に自分は司法府を含めて三権の支配者であるという「実感」があったからこそ口を衝いて出た言葉だと思います。

当時、菅義偉官房長官が安倍政権の数々の疑惑に対して、「まったく問題ない」「そのような指摘はあたらない」とまともに回答しない態度を評してメディアは「鉄壁」と呼んでいましたけれど、政権が独裁的であるさまを評して「鉄壁」と肯定的に評価するようになったのも、メディア、とくに政治部が「独裁制を是とする」というマインドを刷り込まれていった結果だと思います。

山崎　その菅官房長官に厳しい質問を浴びせていたのが、東京新聞の望月衣塑子《もちづきいそこ》記者でした。望月記者に当時の会見場の様子について聞いたことがあるのですが、周囲にいる大手メディアの政治部記者は、望月記者を援護せず、むしろ「余計なことを言うな」と攻撃してきたと聞いて驚きました。

政府の記者会見が何のために行なわれるのかというと、政策の問題点の検証です。「この政策にはこんな問題点があるのでは？」と記者が指摘することで、政策をよりよいものへと修正していく。質疑応答はそのために存在します。

自動車工場で自動車の新型モデルを開発している時に、「このブレーキには問題があるのでは？」と現場から指摘が出れば、開発部署は改めて確認し検証するのがふつうです。そこで、開発責任者が詭弁を弄して有耶無耶《うやむや》にはぐらかしたら、どんなことが起きるか。欠陥車が世に出る展開になります。

政治も同じです。これから始める政策にどのような可能性とリスクがあるのかを、野党とメディアは監視し、厳しい質問を投げかけることで内容をブラッシュアップしていかなければならない。詭弁を弄して質問をはぐらかすのは、大きな弊害をもたらすリスクを解消せず、放置することを意味します。

そうした社会の重要な機能としてのジャーナリズムの役割が認識されていないことへの危機感を、私は最近とくに強く感じています。メディア企業のトップや上層部は、権力と「上手く付き合う」道を選んでいるようですが、検察とメディアがこれ以上後退しないように、国民は監視の目を強めるべきです。

なぜ英BBCが日本のスクープを連発するのか

内田　検察というのは弱くても困るし、強すぎても困るというなかなか難しい機関だと思います。韓国は検察の独立性が強くて、政治に関与し過ぎたせいで国政が乱れていますね。日本は検察が権力に寄りすぎて、独立性が足りなくて国政が乱れている。司法の中立性というのは本当に保つのが難しいものです。けれども、「司法は中立である。すべての市民はその出自や地位にかかわらず法の下《もと》の平等を保証されている」という印象を国民が持つことは、統治の安定のためには絶対に必要だと思います。だが、果たして今の日本の司法はそのような信頼を形成するための努力を十分にしているのか。僕は司法に完全な中立性なんか望んでいるわけじゃありません。それほどナイーブじゃない。けれども、せめて「中立的たらんとしている」というポーズくらい示してくれてもいいと思うんです。でも、今の司法府には「政権べったり」という悪印象を除去しようとする努力がまったく感じられない。

メディアに関しては、日本の大手メディアが自力で報道の自由を回復することも、批評性を回復することももうないと思います。今後、僕たちがニュースを得るのは「赤旗」や「週刊文春」のような週刊誌や、あとはイギリスのBBCのような海外メディアだということになるでしょう。こういう媒体なら、システム内部の「内部告発者」からのリークをきちんと受け止めて、裏付け調査をして、報道してくれる可能性が高いからです。

でも、大手の新聞やテレビが相手だと、政権内部や警察や自衛隊や大手企業の不祥事の内部告発を送っても、たぶんもみ潰される。大手メディアに通報しても、内部告発の内容がシリアスなものであればあるほどもみ潰されるだろうと、ほとんどの国民が思っている。内部告発というのはシステムの健全を保つために必須のものですけれど、日本の大手メディアはシステムを健全なものにすることにはもう関心がないと思われている。そんなメディアに重要な情報をリークする人はいません。

山崎　ジャニー喜多川《きたがわ》の常習的な性犯罪を暴《あば》き、結果としてジャニーズ事務所を解体に導いたスクープ報道も、過去にはいくつかの週刊誌報道があったとはいえ、実質的にはBB

Cのドキュメンタリーが発端でした。ＢＢＣは日本国民を守る義務を一切負っていませんが、ジャーナリズムの役割として、公益性を損なう不正を看過しない姿勢をとっています。ジャニーズの性加害問題も、国際的な公益性があると判断して報じたのでしょう。

内田　日本の事情に詳しい特派員がＢＢＣには複数いるのだと思います。彼らは日本が健全な民主主義国であることが長期的には英国の国益にかなうと判断して、こういう報道をしているのだと思います。

英科学誌「ネイチャー」も２０１７年に日本の科学力がここ10年で失速しているというテーマで特集を組んだことがありました。これは自然科学の分野でこれまで重要なキープレイヤーだった日本が、科学の進歩に十分な貢献ができない状態に転落しつつあることを「科学者の共同体」として重く受け止めて、日本に対して警鐘を鳴らしたものでした。

アジアにおいて日本の外交的・経済的・文化的なプレゼンスが衰えてゆくことは、英国の対中国、対ロシアの世界戦略上決して望ましいことではない。日本が健全な民主主義国として安定して、東アジアで十分なプレゼンスを保っていることのほうが、日本が非民主主義的で、道義性を欠いた文化的生産力のない「準・先進国」に転落するよりは英国の国益にかなう。ＢＢＣの日本報道も、そういう文脈での日本社会へのコミットメントだと思います。

山崎　確かに、島国のイギリスはナポレオンの時代も含めてずっと、ヨーロッパ大陸の情勢とは少し距離を置いて、大陸でどこかの国が強くなるとそれを牽制する側に加勢するという姿勢をとり続けていました。

ナポレオンが勃興すると、プロイセンやロシアなどの反対勢力に与《くみ》し、ロシア帝国が極東と中央アジアへの進出を始めると、その牽制として日本と日英同盟を結び、ナチス・ドイツが台頭すると、フランスやソ連と共にそれぞれと戦ってきたのがイギリスです。世界のバランサーとして力の均衡を保とうとする。

今は東アジアで中国の影響力が政治・経済・軍事のすべてにおいて強まっていますが、日本の国力が衰退すれば、そこで大きくバランスが崩れてしまう。

内田　日本が好きだとか嫌いだとか、そういう単純な話ではないんです。欧米でもアジアでも、多くの国はそれぞれの長期的な国益を配慮した場合に、日本ができるだけ「まともな国」であることを願っている。物価が安いだけの観光国になってほしいなんて思っている国はありません。でも、そのような国際的な期待にどう応えるかという問題意識を日本人は感じているようには見えない。

日本人は連立方程式を解くのが苦手

山崎　そうした戦略的な視点を持つイギリスに対して、日本という国は全体を俯瞰して見ることが一貫して苦手です。国際社会にデビューした19世紀末からずっとそうです。

どんな国が相手であっても、「日本対相手国」という二国間関係の視点だけです。世界を俯瞰して考えるのではなく、日本対清国、日本対ロシア、日本対中華民国、日本対アメリカ、日本対イギリス、日本対ソ連とバラバラに捉え、それぞれとの交渉において「譲歩しない」ことが国益だと考えてきた節があります。

大きな勢力図の中でどう振る舞うのがベストで、長期的な安定に繋げられるか、という戦略的な視点が、近代日本においては、あるようでじつはない。そういう視点で物事を捉えられる人も各時代にもちろんいたのですが、あくまで脇の立場からの意見に留められてしまうため、それが国策として反映されない。

内田　変数が複数ある方程式を解く能力が本当に日本人には欠けていると思います。つねに変数がひとつだけの一次方程式に問題を還元しようとする。変数が二つあると「あり得る状態」の数は激増するわけで、たくさんのシナリオを書き出さないといけない。それが本来の知性の働きなんだと思います。その最良の場合から最悪の場合までのいくつものシナリオを蓋然性の高い順に並べて、資源を優先配分するということが日本人は本当に苦手なんです。「蓋然性」という言葉も「優先順位」という言葉も、まず政治家の口から出ることがない。「良いか悪いか。ゼロか100か」だけなんです。これはほとんど「国民的な病」だと言っていい。

山崎　1937年に始まった日中戦争が、はっきりした戦略も講和プランもないまま泥沼化し、米英との関係悪化によりアジア太平洋戦争へと突入した背景にも、複数のシナリオという視点の欠落があったと私は考えています。

蔣介石《しょうかいせき》が指導する中国の背後には、中国の権益を日本が独占することを警戒するアメリカやイギリスなどの国々が控えている。そんな複雑な構図を読めていれば、どこかの地点で譲歩して撤兵という選択肢もあったはずです。

内田　譲歩や撤退ができないのは、日本のエリートたちが自分たちの外交成果について「うまくいっている」と嘘をつき続けてきたせいだと思います。外交的な「落としどころ」というのはかなり幅があって、簡単には予見できないものなんです。でも、「うまくいけばこれくらい獲得できるが、うまくいかないとこれぐらいの損失が出る。どうなるかはその場次第で、今の段階では明言できない」という正直に言える人が指導層にいない。

たとえば、ロシアと中国は2004年に両国の国境線を確定して長年の国境問題に終止符を打ちました。あれはプーチンと胡錦濤《こきんとう》の双方の政権基盤が安定していたからできたことです。領土的譲歩というのは、短期的には損失に見えても、長期的には国益にかなう選択をしていると国民に信じられている政治指導者にしかできません。だから政権基盤が弱まると、どの国の政治家も必ずナショナリズムを煽って、国境問題では強気な発言をするようになる。これは例外がありません。

日本の政治家が外交的譲歩を怖がるようになったのはいつからだろうと考えると、決定的になったのは1905年のポーツマス条約からではないかと思います。日露戦争末期に日本はもうこれ以上戦争を継続するだけの体力がありませんでした。ロシア国内には主戦論が強かったので、とにかく早く講和に持ち込むしかなかった。結果的に、ロシアは満洲朝鮮からの撤兵と南樺太《みなみからふと》の割譲だけは受け入れたものの、賠償金には一切応じなかった。巨大な戦費負担で疲弊していた日本国民は賠償金が受け取れなかったことに激怒して、日本側の弱腰外交をなじった。代表として交渉にあたった外務大臣の小村寿太郎《こむらじゅたろう》は帰国したら殺されることまで考えていたそうです。日露戦争はじつは「薄氷の勝利」であって、戦争継続の国力が日本にはもうないとはっきり国民に伝えておけばよかったのでしょうけれども、それまでの戦果を「皇軍大勝利」と誇大に伝えてきた軍部にはそれができなかった。戦争を継続するために戦果について虚報を伝え続けると、講和も譲歩もできなくなる。愚かな話です。でも「本当の戦況」についての詳細な情報が開示されない限り、「落としどころ」なんか見つかるはずがないんです。

シナリオは一種のみ、検証は皆無

山崎　安倍晋三が首相時代に「地球儀を俯瞰する外交」というキャッチフレーズを掲げたこともありましたが、あれは全部嘘でした。俯瞰なんてまったくできていなかったし、実際にはアメリカとの同盟強化をまず最優先させ、米政府が許容する範囲内で対中国、対韓国、対ロシアという個別の外交を展開した。

英語のシナリオ（scenario）という言葉は、日本では映画や劇の脚本という意味で使われることが多いですが、英語圏では国際関係や戦争の状況設定を考える際にもこの言葉を使います。相手国の出方を何段階かに分けたり、自国の選択肢も数種類用意したり、外部の第三国の関与についてもいくつかの可能性を想定するなどして展開を検証する作業において、それぞれの状況設定をシナリオと呼びます。

そして、個別のシナリオごとにシミュレーション（仮想演習）を行ない、どんな状況下では何が最善か、何に備えておく必要があるのか、現状でどんな要素が不足しているかなどを導き出して、将来への備えをより有効なものに修正します。事前にこのような思考実験やシミュレーションを行なえば、特定の条件下ではどの方策が有効なのか、情勢が変化した時にそれをどう修正するのが最善なのかについて、より的確な判断を下すことが可能になります。

アメリカの大学で国際政治学を学んだ人であれば、シナリオという視点もおそらく学んでいるはずです。なのに、米国の一流大学卒業を自慢げに経歴として書く政治家や官僚がそれを実行できていないのは、現実に反映させると自民党や組織内での地位を失ってしまうからでしょうね。だから「これが唯一の選択肢だ」という体で話を進めていく。

内田　辺野古《へのこ》基地もリニア新幹線も典型ですね。「選択肢はこれしかない」とひたすら叫び続けて、そこに膨大なお金を注ぎ込む。ポイント・オブ・ノーリターンを過ぎたあとは「これだけ資源を投じたのに、今さら引っ込みがつかない」と言って、巨大な損害が出ることがわかっていながら、資源をどぶに捨てるようなことを続ける。この傾向はインパール作戦の時から変わらない。

山崎　複数のシナリオがないということは、最善策としての戦略がないことと同義です。内輪の合意が取れたとか、ステークホルダーが納得して文句を言わないからこのまま進める、などの単線的な思考は、戦略とは呼べません。課題山積のまま突き進んでいる2025年開催予定の大阪・関西万博も、複数のシナリオを検証しないまま、ひとつの方向へと見切り発車した典型例でしょう。

内田　万博会場となる人工島の夢洲《ゆめしま》は、もともと廃棄物最終処分場、ゴミの埋立地でした。そこにカジノをつくろうと言い出したのが松井一郎です。でも、地盤ぐずぐずの土地ですから、恒久的な建築なんか建てられない。埋立地の地盤を改良するためには途方もない公金を投じる必要がある。でも、カジノを建てるために巨額の税金を投じることには市民の同意が得られそうもない。そこで夢洲に万博を誘致して、それを大義名分にしてカジノが建てられるように土地整備をすることにした。万博は「あとづけ」なんです。公金を投じることのできるプロジェクトなら何でもよかった。でも、夢洲はもともとゴミ捨て場ですからね、たくさんの人が集まれるような場所じゃない。橋ひとつ地下鉄ひとつしかアクセスがないし、上下水道も足りないし、現場からはメタンガスが噴出している。だから、火気厳禁なんです。海外パビリオンがいくつ建つのかもわからない。入場券はまったく売れない。大手メディアは「機運醸成」予算の配分に与《あずか》っていますから、盛り上げようとしていますけれど、ネットのアンケートだと「万博にはまったく関心がない」が回答者の90パーセントです。計画が発表された当時と比べて開幕が近づくにつれて「関心がない」比率が高くなるなんてことは、ふつうのイベントではあり得ない話です。大阪万博は歴史的失敗に終わり、巨額の経済的な負荷を大阪府市に残すことは間違いありません。松井一郎、橋下徹をはじめとした万博推進の中心メンバーたちは責任を逃れるためにとっくに逃げ出してしまった。

山崎　２０２１年の東京オリンピックと同じように、第三者機関による全体の総括や、問題点についての批判的検証を一切やらないという結末になりそうな予感がしますね。何のために、誰のために万博を開催するのか、真剣に考えている人は運営側の内部にも多分いない。都庁のプロジェクション・マッピングと同じで、そこに巨額の公金を流すこと自体が目的で、いかにも広告代理店がプレゼン用に作ったような万博の軽薄なコンセプトはその大義名分なのでしょう。

ただ、大阪万博についてはメタンガスの爆発やチケット売り上げ不振など、数多くの問題が表面化しているにもかかわらず、地元の大阪では相変わらず、その招致で事実上の主役だった維新の大衆的人気が根強い。この感覚は東京に住んでいる人たちにあまり伝わらないのですが、大阪出身で今は三重県在住の私から見ても、大阪万博をめぐる維新の政策が問題だらけでおかしいことは明らかなのに、大阪ではなぜか吉村洋文府知事をヒーローのように持ち上げる空気があります。

内田　大阪や兵庫も阪神間だと30～50代の男性では維新支持者がまだまだ圧倒的に多いと思います。この世代の人たちって、生まれてから一度も「民主主義的な組織」というものを見たことがないんです。家庭はそうじゃないし、学校も、バイト先も、就職先も、どこにも民主主義的な組織なんか存在しない。民主主義的な組織というものがどういうふうに運営されていて、どういうふうに合意形成がなされて、それがどう実行されるのか、一度も見たことがない。彼らが知っているほとんど唯一の組織は「株式会社みたいな組織」です。トップが全権を握っていて、あれこれと理不尽なことを命令してくるけれども、それに抗命することは許されない。「どうしてこんなことをしなくちゃいけないんですか？」と問うことも許されない。そして、理不尽な命令に従い、無意味で不愉快なタスクをこなすと報酬がもらえる。「不快に耐えると報酬がもらえる」というルールを子どもの頃から叩き込まれて、それを深く内面化した人たちがこの世代のヴォリューム・ゾーンを形成している。この人たちは、組織はトップダウンであるべきだということに一点の疑念も抱かない。上位者の命令がどれほど無意味なブルシットジョブであっても、その意味や有効性は問わない。ただ言われたことに従う。そして、何も抗命せず、反問せず、ただ命令に従う「思考停止したイエスマン」の前にのみキャリアパスが開ける。そういうルールに慣れ切ってしまっている。

だから、この人たちは橋下徹が大阪府知事として登場して、「独裁者」然としてふるまった時にもそれにさしたる違和感を持たなかった。だって選挙で圧勝して選ばれた「トップ」なんだから、無意味なブルシットジョブを下僚に命令する権利がある。そう思った。というより「無意味なブルシットジョブを下僚に命令する権利」を手に入れるために彼は政治家になったのだろうと考えた。だったら、そうすることに文句を言う筋合いはない。

選挙で51対49の票差でも、勝ったほうは独裁的な権限を揮《ふる》う権利があるという考えも彼が流布させたものです。２０１５年の一回目の大阪都構想の住民投票の時に、都構想は僅差で敗れましたけれど、その時の記者会見で敗因を問われた橋下市長は、「都構想が間違っていたということでしょう」と答えて政界引退を表明して、僕は驚嘆しました。記者の中には「出処進退が潔い」と好意的に評価した人もいましたけれど、僕はこれはきわめて危険な発言だと思いました。わずか0・8ポイント差ですよ。そんな僅差で政策の正否が決定されるはずがない。正しい政策だったけれど民意を得られなかったものはいくらもあるし、逆にろくでもない政策だったけれど圧倒的な民意の支持を得たものもある。投票なんてそんなものです。都構想を正しい政策だと信じていたなら、「理解頂けずに残念です」と言うはずです。でも彼は「政策が間違っていた」と言った。これは逆から言えば、0・1ポイント差でも彼が勝っていたら、「政策が正しかったから勝った」というロジックに同意しろということです。

これは声を大にして言いたいのですけれども、民主主義における投票は、ことの真偽や正否を決定する審判ではありません。ただ、投票者の多数が支持した政策が優先的に採択されるというだけの話です。民主主義というのは、「ベストの解」を選ぶものではありません。「メンバー全員のうちとくに利益を得る者も、とくに損失を蒙《こうむ》る者もいないような、全員が同程度に不満足な落としどころ」を手探りするためのプロセスです。それだってなかなかうまくゆかないんです。ですから、投票で負けた者は「間違ったことを主張していたから負けたのだ」という言い分を一度認めてしまったら、民主政は一瞬で独裁制に切り替わってしまいます。維新が持ち込んだ最も危険な思想はこれだと僕は思います。

山崎　上が決めて下が従うのが一番合理的でコスパがいい、というような、上下関係の序列を当たり前だと理解してしまっている。そんな世界観を若いうちに内面化している人は、大阪エリアに限らず、全国的に多い気がしますね。

世襲が三代続けば〝貴族〟

内田　ここまでずいぶん夢も希望もないことばかり語ってきましたが、ではこの先の日本にまったく希望がないのかというと、僕はそうは思いません。希望の萌芽《ほうが》を見出すとすれば、中央ではなく地方でしょう。政治も経済も文化活動も地方から変わってゆく。僕はそうなると思っています。

２０２３年４月の統一地方選では、世襲や政党のオーディションを受けて出てくる伝統的なタイプの候補者たちとは別に、それまで小規模な市民運動をやってきた市民が「もう我慢できない」と名乗りをあげました。僕の周辺でも、この選挙では若い人、そして女性たちが何人もが立候補して、何人も当選しました。これは明らかにこれまでになかった現象だと思います。

地方自治から変わり始めたのは理由があります。コロナ禍で、地方自治体の首長が「どんな人物」であるかによって、住民たちは生き死にかかわるということがわかったからです。大阪では、維新主導で病院の閉鎖や保健所の統廃合が進められて基礎的な医療インフラが弱体化していたところに、「イソジン」だの「雨ガッパ」だのという非科学的な妄言を口走る首長たちを選んでしまったせいで、コロナ死者数では東京を超えて日本一でした。これは「人災」と言ってよい。一方、きちんと感染症専門家の意見を聞いて、適切な対策を採った自治体は被害を抑制できた。ふつうの地方自治では、首長がどれほど質が悪くても、いきなり市民の命や健康が脅《おびや》かされることはありませんけれど、コロナではそれが起きた。だから、地方自治体の首長や議員にどんな人を選ぶのかは重要だということに住民たちが気づいた。これは確かだと思います。

山崎　そのご指摘は、発生から1年経過しても遅々として進まない能登《のと》半島地震の復興を見ていても実感します。石川県の馳浩《はせひろし》知事による後手後手の対応を見ていると、これが別の人であればもっと全力で岸田文雄《きしだふみお》首相（当時）に掛け合って、復興の作業はまったく違う展開になっていただろうなと感じます。

内田　石川県知事はひどいですね。どういう経緯で知事になった人か知りませんけれども、いくらなんでもここまで無能な人間を選ぶことはなかったんじゃないですか。ことが天変地異ですから、「私としてはベストを尽くしました」と言えばたぶん政治責任は問われないのでしょうけれども、自分の地元であるにもかかわらず、被災者に「寄り添う」という姿勢がまったく感じられなかった。こういう場合には、多少「演技過剰」でもいいから地元に貼りついて、被災者と同じ視線に立って、被災者たちと同じ生活上の不便を経験するくらいのことをしてみせるのが政治家の仕事でしょう。それで復興の実効が上がるのかどうかは別として、被災者を励ますためには、知事は東京で安楽に暮らしていると思われたら致命的ですよ。でも、被災者に寄り添う演技さえしなかった。たぶん山本太郎《やまもとたろう》議員が先に現場に入ってしまって、被災者たちと直で対話して、支援活動を始めたので、「山本太郎の真似していると思われると癪《しゃく》だから、ああいうパフォーマンスは止めろ」と口を出した人がいたんでしょう。愚かな判断をしたものです。

岸田元首相の被災者への冷酷さも、ちょっと異常だと感じましたね。国会で山本太郎に何度も支援の約束を求められたのに、薄ら笑いを浮かべてゼロ回答を続けましたからね。被災者への共感性の低さが際立った。内閣支持率があれだけ下がったのも、この人の震災に対した時の冷たさをテレビの画面からも国民が感じ取ったからじゃないかと思います。

山崎　私は総理大臣になってからの岸田文雄の態度に、何とも表現しがたい冷たいものを感じました。国民の暮らしに責任を負う総理大臣という地位にありながら、物価高などで自国民が苦しむ姿を薄笑いを浮かべて眺めている様子は、あえて言えばサディズム的な酷薄さではないかと思いました。

能登半島地震の被災者や、円安と物価高で苦しむ一般庶民の生活を助ける責任が、総理大臣である自分にあると全然理解しておらず、他人ごとのような無関心さで冷淡に傍観している。カメラの前では一見もっともらしい立派な言葉を並べますが、実際の行動やそれに伴う「熱意」が欠けているので、空疎な文字列として新聞やニュースの見出しを飾れば、それで終わり。

物価高への対応も、大企業に賃上げを要請する姿をメディアに報じさせ、問題に取り組んでいるポーズを取っているだけです。でも実際には、慢性化した物価高に賃上げで対処するという自民党政権のやり方は、大企業の正社員などごく限られた人には有効でも、多くの国民には効果がありません。

第一に、給与でなく年金で生活している人には何の恩恵もない。

第二に、月給制でなく個別契約のフリーランスや個人経営の自営業者にも影響が及ばない。大企業の月給がアップしても、フリーランスの契約額がそれに応じて増額するわけではないし、交渉するにしても枠組みがない。

第三に、ただでさえ物価高の影響で原材料費が高騰してギリギリの経営状態になっている中小企業には、従業員の賃金を上げる余裕などありません。政府の補助金もなしにただ「賃上げせよ」と要求するのは、内部留保などの皮下脂肪がたっぷりある大企業ならまだしも、ガリガリに痩せた中小企業に対しては無理な注文です。自営の飲食店やパン屋なども、小麦などの原材料費が高騰する中で従業員の給与を上げる余裕などなく、廃業へと追い込まれます。

第四に、政府から要求された賃上げを実現した企業は、その分を商品の価格に転嫁してしのごうとする。物価高対策の賃上げが、さらなる物価高を招くという、本末転倒の「負のスパイラル」が生じます。

つまり、物価高に賃上げで対処という解決策は、根本的に的外れです。

自民党政権は、大企業以外の国民の生活が目に入っておらず、本気で国民を助けようという意思もないから、こんな的外れな政策しか思いつかないのでしょう。母子家庭で、子どもに栄養のある物を食べさせるために母親が自分の食事を削って、それで栄養失調になったとか、そんな話がＮＨＫの番組で取り上げられても、日本政府はそれを助ける責務が自分たちにあると思っていない。

第二次安倍政権以降の自民党政権は、国民に対して冷酷だと思いますが、岸田政権は安倍以上に国民生活に無関心だったと感じます。自分たちは何の生活上の心配もない、特権階級のような暮らしをしているので、社会の実情をまったく理解できていない。物価高がどれだけ国民の暮らしをボディーブローのように疲弊させているかに関心を払わず、意味不明の薄笑いを浮かべている姿を見ると、権力者の冷酷さを改めて認識します。

内田　世襲が三代も続くと、もう「貴族」なんです。一般市民とは後援会員以外ほとんど接点がない。スーパーに行って買い物をすることなんかしたことないから、いったい物価がどれくらいで、人々が何を飲食していて、コンビニの店員が何国人だかも知らないと思う。庶民の生活の苦しさなんて今の自民党の世襲政治家にはまったくわからないでしょう。介護で疲れている人とか、非正規で生活できない人とか彼らの身近にはひとりもいないんじゃないですか。

山崎　岸田文雄は、自分より強くて大きな存在に従うことで精神の安定を得るタイプの人間なのだろうと思います。つまり自分自身の確固たる信念や政治理念などはなく、アメリカ政府や財界など、その時々で「強くて大きな存在に従う」状態さえ維持できれば、支持率がいくら下がろうとも顔色を変えず、精神的に安定している様子。いわば究極の受け身思考です。

私は以前、外国人ジャーナリストから興味深い話を聞いたことがあります。その人は、安倍政権時代の2016年12月に、安倍首相と岸田外相、稲田朋美《いなだともみ》防衛相の真珠湾《しんじゆわん》訪問に同行取材し、各人の様子を間近で観察したそうです。

ハワイの真珠湾は、私も2017年に訪れたことがありますが、日本軍の攻撃で沈没した戦艦アリゾナの船体上にある記念碑（メモリアル）を訪れる前に、日本軍がなぜ真珠湾を攻撃するに至ったのかという日米開戦の記録映画を、訪問者は鑑賞します。

その時、映画を観る態度は三者三様だったそうです。記録映画を観る施設に展示されている、日本海軍の空母「赤城《あかぎ》」の精巧な模型を見て子どものように目を輝かせていた安倍は、自分の祖父である岸信介も対米開戦時の東條英機《とうじようひでき》内閣の大臣として一瞬映っていることもあってか、映画の内容にはあからさまに無関心な態度。稲田は「なんでこんなもの観なくちゃいけないの」という不機嫌な表情で、岸田だけが映画の内容に真面目に見入っていたとのことでした。

その話を聞いた当時は、岸田は三人の中では一番まともで、過去についても謙虚に事実と向き合う考えを持っているのかという印象を受け、彼が菅義偉の後継者として首相に就任した時には、多少の期待感を抱きました。これで自民党も、かつてのような抑制的な保守政党に戻るのかもしれない、と。

けれども、そんな期待は裏切られました。首相に就任してからの岸田は、政治手法においては安倍や菅の路線を継承して、自分の言ったことを反故《ほご》にする「食言」や、相手の質問を詭弁ではぐらかす態度を繰り返し、政治倫理面での状況は何一つ改善されませんでした。その時、私は気づいたのです。

真珠湾で真面目に記録映画に見入ったのは、「強くて大きな存在」であるアメリカ政府の意向に、ただ従順に従っていただけだったのだ、と。

気になるのは支配層の顔色だけ、「強くて大きな存在に従う」状態さえ維持できれば安心、というのは、今の日本人を象徴する精神性かもしれません。

軍備増強の背後に存在する財界人の金銭欲

山崎　第二次安倍政権以後、日本政府は明らかに安全保障に関する国是の大転換に乗り出しています。具体的に言うと、専守防衛や平和主義という戦後の国是を捨て、主体的に

「戦争の当事国」になろうとしています。

２０２２年末、岸田首相は「反撃能力」という名目で外国への攻撃能力保有を含む閣議決定を行ないました。外国を攻撃する能力の保有とは、憲法第９条で禁じられているはずの「武力による威嚇又は武力の行使」と「国権の発動たる戦争」を、特定の条件下で可能にするもので、今後の日本は憲法に反する状態を国策として進めていくことを内外に明言しました。すでに巨額の防衛費が計上され、日米の兵器産業に流れ込んでいます。

ここで重要なのは、日本の防衛産業や大企業も、岸田政権の軍備増強を「ビジネスチャンス」と捉えて歓迎し、財界が前のめりで防衛予算増額をアシストしている事実です。「しんぶん赤旗」など一部を除く日本のメディアは、広告主の大企業への配慮からか、こうした側面を問題視せずスルーしていますが、軍備増強が国策として掲げられる中、日本の財界は前回と同様、戦争をビジネスにする方向へと横並びで邁進し始めています。

内田　そうだと思います。もう成長産業がないんですよ。兵器産業は資本主義の最後の牙《が》城《じょう》なんです。「市場が飽和《ほうわ》する」ということがないから。ふつうの商品は生産過剰、供給過剰になると市場が飽和して、需要がなくなります。でも、兵器についてはそういうことが起こらない。というのは、兵器の用途は「他の兵器を破壊すること」だからです。市場に供給される量が増えれば増えるほど兵器がたくさん破壊されて、兵器需要が増える。兵器は決して市場が飽和しない「魔法の商品」なんです。だから、これだけ格差が拡大して、人々が貧しくなって、消費活動が冷え込んでも、戦争さえしていれば資本主義はいつまでも繁昌する。金儲けだけを考えていれば、民需から軍需にシフトするというのは合理的な選択なんです。

これは政治的イデオロギーの変化というよりは「貧すれば鈍す」の実例なんです。兵器産業シフトを推進している人たちの多くは動機が「経済的利益」なんです。「金儲けは端的によいことだ」「市場が求めるものを市場に提供するのはビジネスマンの本務である」と心から信じているビジネスマンに向かって、「金儲けをするのは止めろ」と言っても聴くはずがない。

だから、安倍政権以降、日本人がいきなり好戦的になったわけじゃないと思います。成長産業がなくなったので、「藁《わら》をもつかむ」つもりで兵器産業シフトを始めた。大学に向かって軍事研究をすれば助成金を出すぞと釣ってみたり、軍事にかかわる研究をしないと宣言している日本学術会議を廃止しようとしてみたり、改憲だとか、集団的自衛権だとか、敵基地攻撃能力とかいう政治的なタームを使って「戦争をカジュアルな現象として語る」雰囲気を醸成しているのは、そのせいなんです。本当に「貧すれば鈍す」なんです。戦争したくなったというより、端的にバカになったんです。

山崎　阪急電鉄や宝塚歌劇団の創設者として知られる、関西財界人の小林一三《こばやしいちぞう》は、日中戦争が始まって一ヵ月後の1937年8月、雑誌「文藝春秋」に「天佑《てんゆう》なる哉北支事変」と題した原稿を寄稿しました。

北支事変とは、勃発当初の日中戦争を呼び表した日本側の呼称でしたが、彼は「北支事変は正に天佑であると信じている」「天の配剤誠に妙を極めたるものと言うべしで、北支事変によって既得権が確立されるに至るならば、それがために十億円、二十億円、臨時軍事費が消費せられるとしても、決して高い代償ではない」などと、最終的に1945年の破滅的敗北に至る戦争の始まりを喜ぶような言葉を書いていました。

1941年12月、対米英開戦と共に日本軍が東南アジアへと侵略し、数ヵ月のうちに石油や錫《すず》、ゴムなどの天然資源を奪い取ると、東條内閣はこれらを自国の経済に組み込む方策を検討するため、1942年2月20日に首相直属の有識者会議的な組織「大東亜建設審議会」を設置し、大企業経営者など37人を委員に任命して、2月27日に第一回の総会を首相官邸で開催しました。

一般には公開されない密室の協議で、当時の財界人がどんなことを述べていたか。「極端に言いますれば、向こう《植民地》から取ってきた資源は、対価を払わなくてもよろしい。タダで取る」（満洲重工業開発総裁・鮎川義介《あゆかわよしすけ》）とか、「日本を中心として搾取《さくしゅ》していかねば続かぬということは、ごもっともな意見ではありますが、そこは公明正大にカモフラージュすべきかと」（鐘淵紡績社長・津田信吾《つだしんご》）など、財界人の強欲さを如実に物語る発言ばかりでした。

その後、日本の国土は戦争で荒廃し、敗戦で茫然自失《ぼうぜんじしつ》となった国民は、焼け跡からの再起に向けて苦難の道を歩み始めましたが、戦争の始まりを「金儲けになる」と喜んだ財界人が、それで反省したかと言えば、答えは否でした。

1950年6月25日、朝鮮半島で朝鮮戦争が勃発すると、小林一三はまた、日記にこんな言葉を書き記していました。

「軍需注文が日本の各方面に供給準備が命ぜられて、我国としては好材料にホクホクの体である。恐らく十億ドルのお金が這入《はい》る」（同年7月23日）

「米軍の下受仕事によって、いそがしくなり、相当のうるおいも受けるので、日本としては好景気を期待し得ると思う」（同年7月28日）

「今日は終戦五ケ年の記念日だ。五ケ年前の今月今日を回顧し、今、朝鮮戦争に当面して、我国再生の前途を考へると誠に幸運に恵まれた日本国であることを痛感する。戦前ならば、天佑だ、皇国の神威《しんい》八紘《はっこう》に普《あま》ねしと言ふところであろう」（同年8月15日）

大企業経営者の全員が、小林一三のような倫理観だとは言いませんが、財界人がどれほど戦争に際して冷酷なビジネス思考で損得を考えるか、人命の損失よりも当座の金儲けを優先する損得勘定に集団で走るのかという歴史的な実例を、日本国民は今のうちに認識しておく必要があるように思います。

第3章

教育システムの機能不全

国歌斉唱を組織マネジメントで語る暴力性

内田　2024年に東大が学費値上げを検討していることが報道された時、反対する学生たちが抗議活動や集会を行ないました。それに対して大学当局は警官隊を導入しました。執行部と学生が面と向かって話し合えばよい話なのに、警備員が怪我をしたらしいということを理由に、学生相手にいきなり警官隊を導入した。あれは許し難い暴挙だと思います。道義的によろしくないのと同時に政治判断として拙劣《せつれつ》に過ぎる。

1968年から約3年間にわたる学園紛争を引き起こしたのも、大学当局による機動隊の導入からでした。対話を求める学生たちを警察力を用いて排除しようとすれば、それ以後、もう対話の土台となる基本的な信頼関係は形成できない。その結果何が起きたのか、東大執行部はもう忘れてしまったのか。それくらいのことも歴史から学んでいなかったのかと思うと愕然《がくぜん》とします。あるいは、あの頃とはもう時代が違うんだ。今の学生たちはどんな理不尽なことをされても、すぐに尻尾を巻いて逃げ出すから、何をやっても平気なんだ。そう執行部の人たちが考えていたとしたら、これはさらに愕然とします。

山崎　学校でも企業でも、そこに入った瞬間から、上位者からの指示に逆らいづらくなるのは、日本のあらゆる組織に共通する課題だと思います。政府など外部からの圧力であれば、理不尽への憤《いきどお》りで連帯して集団的に抵抗することが可能になりますが、教師や社長など組織内の上位者だと話が違ってきます。

なぜなら、組織内での各人はそれぞれが競争を強いられている立場であり、上位者に反抗する者は、上位者の意を汲んで手先として働く者よりも競争面で不利になるとの恐怖心が、集団的な連帯を阻害する要因になるからです。

自分は学校や会社に従う存在ではなく、独立した個人なのだという意識が、欧米などと比べると日本人は希薄だと思います。組織内で上位者に評価されて何らかの褒美をもらうことが、あらゆる物事の判断基準になっている。

内田　大阪府知事時代に橋下徹は、在任中の教職員に対して「君が代」の起立斉唱を義務付ける条例を成立させました。僕は君が代の問題はすぐれて政治的なイシューだと思います。国民国家の象徴としての国家や国旗に対して一人ひとりの市民がどういう態度をとるかというのは、市民の政治的成熟にとって避けて通ることのできない重要な課題だからです。ところが、橋下知事はこれを政治的なイシューではなく、「組織マネジメントの問題」だと言い張ったのです。教員に起立しての国歌斉唱を求めたのは、あれは単なる業務命令である。どんな組織でも上司からの業務命令に違反すれば、何らかの処罰を受ける。当たり前のことだ、と。

国民的規模で議論すべき政治的な問題を、一団体の組織マネジメントの問題に矮小化することで市民の政治的自由を奪うというこの手口は、きわめて巧妙なものだったと思います。現に、この時点で「内心の政治的信条を罰しているのではなく、外形的な業務命令違反を罰しているのだ」という橋下知事の言い分を、多くの人はなんとなく合理的なもののようにぼんやり受け入れた。

僕はこの時も非常に危険な徴候だと思いました。国歌や国旗に対してどういう態度をとるべきかというのは、「国民国家とは何か」という近代の市民にとっての根源的な問いに答えることです。一人ひとりの市民的成熟にとって大切な問いです。「こうすれば正解」というような一般解はありません。一人ひとり思いは違うはずだし、それを示す行動も違う。それでいいんです。それについて対話を深めることで市民は成熟してゆく。とても大切な問題なんです。

これを組織マネジメントの問題、就業規則違反の問題に矮小化するということは、「国民国家とは何か」という豊かな政治的論件について思考することを「止めろ」と命令しているに等しい。国民国家に対してどう向き合うべきかを熟慮することは市民一人ひとりにとっての義務であり、かつ権利です。それを「上司の命令だから、それについては考えるな」で済ませようとするというのは、愚民化政策という以外に形容する言葉がありません。

かつてベトナム反戦運動の頃、アメリカでは星条旗を燃やす抗議運動がしばしば行なわれました。その当時に国旗を損壊することは違法であるとする「国旗保護法」が制定されました。でも、１９９０年に最高裁はこの法律を合衆国憲法修正第一条の「言論表現の自由」に違背するものとして違憲としました。今も合衆国市民には星条旗を損壊する権利があります。それは最高裁が国旗という記号の象徴的な価値よりも、合衆国憲法の目指す「言論表現の自由」の価値のほうを上位に置いたということです。星条旗を損壊する市民が存在するのは、政府が市民たちから十分な敬意と信頼を得るに至っていないからである。もし、その国の国民であることを全国民が誇れるような国であれば、国旗を損壊しようとする国民はいないはずだ。そう考えたのです。論理的には、国旗損壊を厳しく処罰するよりも、誰一人国旗損壊をしようという気にならない国を創ることのほうが優先する。「きれいごと」かもしれませんが、僕はこういう考え方は正しいと思います。

しかし、現実の日本社会では「どうすれば、日本はすべての国民の敬意と信頼を得られる国になれるのか」という国民的な課題について思量することそのものが禁止されて、

「上司の命令だから国旗国歌に敬意を示せ」という思考停止が求められている。これは端的に国を害する行為です。国を損なう行為です。僕はひとりの愛国者として、こういうやり方には強く抗議します。

個を殺さず大人になることが困難になった日本

山崎　一定以上の規模で物事を円滑に進めるには、組織というシステムを活用することが有効なのは事実ですが、一人ひとりが内面に持つ「組織のために貢献する構成員」と「主体性を持ったひとりの個人」の意識のバランスが、日本ではあまりにも前者に偏《かたよ》りすぎているように思います。

個としての自分、パーソナリティを徹底的に排除しないと、組織の秩序内で上位者に良く思われないのでは、という恐怖心が根強い。そして、思考が過剰に受け身だと、物事の正邪や善悪の基準も、個人としての内面の倫理観でなく、上位者のそれに追従するのが当然だと考えるようになってしまいます。

お行儀よくルールを守り、組織に迷惑をかけず、上位者に評価されて初めて次のステップに行ける。そうした成功体験ばかりを積んで成長すると、大人になってから急に「独立した個人」として思考し行動することは不可能です。子どもの頃は誰もが持っている「独立した個人」という感覚をいかに保ったまま大人になるか。そんな観点から教育環境を考える必要があるでしょう。

内田　教育の問題もあるでしょうけれども、やはりたぶんに生まれ持っての気質の問題なんじゃないかと思います。僕は自分が正しいと思ったら決して譲らない子でした。幼稚園の頃に、何かのことで先生に叱られた。他の二人の友達と一緒に床に正座させられて、「あなたたちがこれをやったんでしょう」と自白を求められた。そんなことはやっていなかったので「やってません」と僕は答えましたけれど、先生は「謝るまで帰さない」と言い出した。すると、僕以外の二人はしばらくすると「僕がやりました。ごめんなさい」と謝り出した。本当はやってないんですよ。それを「やった」と嘘をついて、家に帰ろうとした。僕はびっくりしました。子どもでもこんなに簡単に無実の罪を自白するんだと知って。二人が帰ったあとも、僕は「やってません」と言い続けて、そのうち根負けした先生に放免されましたけど。

この出来事は5歳の時のことでしたが、今でもよく覚えています。とりあえずその場をうまくやり過ごすために嘘をつく子どもたちを見て、ここで嘘をついて罰を逃れようとしたら、自分の中の何か大切なものが穢《けが》されてしまうと思った。だから、徹底抗戦しようと思った。こういうのは教育以前の、気性の違いというしかないと思います。

山崎　窓を開けて仕事をしていると、学校帰りの小学生たちの会話がたまに耳に入ってきます。家の脇を通り過ぎるまでの数十秒、聴くとはなしに聴いていると、たわいもない話の内容が、突拍子もない方向に展開したりして、すごく面白い。発想が自由で、のびのびとしている。物怖《ものお》じせず、何にも制約されずに、大人に対しても堂々と言いたいことを言っている。

つまり、小学生には個として独立した思考が、ちゃんとあるんです。それなのに、日本では成長の過程で少しずつそれが小さくなっていく。

内田　たしかに中高6年間でそののびのびとした感じが失われてゆくように見えます。今の中等教育というのは、ひたすら「努力と報酬は相関する」というルールを子どもたちに刷り込む場所になっているからじゃないでしょうか。この場合の「努力」というのは、ほとんどが「苦役」のことなんです。不快で無意味なタスクに耐えた子どもには報酬が与えられる。「これは不快だし、無意味です」と正直に言ってしまう子どもは処罰される。前にも言いましたけれど、トップダウンの組織では、上位者の定義は「不快で無意味なタスクを下僚に命じることのできる者」ということです。意味のある楽しい仕事を与えられても、そこには権力関係が発生しないんです。意味があって楽しい仕事だから。だから、意味のない不快な仕事に下僚が抵抗できないという様子を見ることでしか権力は確認できない。

今、教師たちは学級をきちんとグリップしているかどうかを管理職からうるさく査定されます。その権力関係がそのまま今度は教師と子どもの関係に転写される。教員が子どもたちをコントロールしようとすると、どうしても「不快で無意味な作業に耐えられる者がより多くの報酬を得られる」というルールを採用してしまう。これはどうしようもないんです。これが最も効果的なんですから。

でも、これを12歳から18歳まで6年間延々と繰り返していったら、子どもたちの中に育つのは「不快耐性」と「無意味耐性」だけなんです。どれほど不快な入力があっても気にならない。どれほど無意味な作業でも気にならない。そういう防衛力の高い子どもが中等教育では生き残れる。要するに10代の多感な時期に、おのれの感受性をひたすら鈍麻するための努力をさせる。

僕は大学教員でしたから、毎年18歳の少女たちを新入生として迎えて、4年後に送り出すということをしてきたわけですけれど、一番精神が自由なのは4年生なんです。新入生が一番硬直している。教師に対して強い猜疑心《さいぎしん》を持っている。中高6年間で子どもたちはここまで壊れてしまうのかと、時々衝撃を受けることがありました。

僕はみんなの言語能力を知りたいわけですから、「好きなことを書いていいよ」という課題を与えるわけです。でも、「自由に」言葉を操れる学生が驚くほど少ない。ほとんど全員が「査定されること」を前提にして文章を書いてくる。面白過ぎて目立たないように、つまらな過ぎて目立たないように、70点くらいのところを狙ってくる。そういう文章を大量に読まされると、本当に中高の国語教育で痛めつけられてきたんだなと思います。たぶん「自由に書いて」と言った教師の言葉を信じて自由に書いたせいで、「ひどい目」に遭ったというトラウマがあるんです。だから、教師の言う「自由に」を信じない。入学して早くて半年、遅い子では2年くらいしてからですね、僕が「自由に」と言ったらそれは本当に僕が「みんなが自由に書いたものを読みたい」という意味なんであって、査定するつもりじゃないということを信用してもらえるのは。

そうしてから、ようやく学生たちが「自分のヴォイス」を見つけ出す。自分の思いや感情をそこに載せることができる性能の良い「ヴィークル」としての文体を見つけてもらうことが、僕の大学教師としての一番基本の仕事でしたけれども、それにうっかりすると大学教育の半分をかけてしまいました。中高6年間で子どもたちが身にまとった自己防衛のための「鎧兜《よろいかぶと》」を解除するのに2年かけた。でも、これは無駄じゃないんです。自分のヴォイスを持たないまま社会に出て行ってもらっては困るんです。それだけは手にして卒業してほしかった。

中高で子どもたちが刷り込まれるのって、ひと言で言えば権力関係なんですよね。誰が上位者で、誰が下位者で、誰に対しては敬語を使わなければいけないのか、誰に対してはため口でいいのか、誰に対しては屈辱感を与えることが許されるのか……そういう権力的な位階差に異常に敏感になることが求められる。その微細な権力の位階差を感知できて、言動を差別化できる子どもが「社会性の高い子ども」だと評価される。

だから、日本社会でセクハラやパワハラが頻発するのは、構造的に必然だと思うんです。朝から晩まで、出会う人ごとに「どちらが上位者か」ということばかり気にしているんですから。

山崎　学校や職場での上下関係は、あくまで便宜上のもので、存在としては誰もが対等なはずなのに、序列の上下を過剰に意識して、上の相手にはへりくだり、下の相手には偉そうに威張るような人を時々見かけます。こういう思考形態は、いったん思考に染み付いてしまうと、なかなか取れないですよね。

内田　それまで同じ職位だった仲間のひとりが抜擢されて上司になったとたんに、がらりと態度が変わるということはよくありますよね。別に人間が変わるわけじゃないんですよ。ただ、自分のほうが上位者になった以上、ことあるごとに部下に屈辱感を与えなければならないという義務を感じてしまうんです。別に威張って喜んでいるわけじゃなくて、そうしなければならないと思ってしまう。

山崎　私は、ボードゲームの制作をしていた時にアメリカや中国、ヨーロッパの会社と仕事をしたことがありますが、日本の会社との違いとして気づいたのは、相手を名前ではなく組織内の肩書で呼ぶ習慣が、日本の会社にはあって諸外国の会社にはあまりないのでは、ということでした。

英語圏であれば、相手が社長だろうと大抵はファーストネームで呼び合えますし、お互いを名前で呼ぶことで、上下の主従関係ではなく対等な立場なのだという意識が関係性に生まれてくる。珈琲店で注文すると、店員に「呼びやすい名前」を伝えて、順番が来たら番号ではなく名前で呼ばれる。飲食店でもその他のお店でも、店員と客は対等な立場であり、店側が客に対して偉そうにしたり、客が店員に偉そうにするような光景も見たことがありません。

一方、日本の会社では「部長」や「課長」など、名前でなく役職名で呼ぶ方式が一般的だと思います。社内の上位者は、自分より立場が下の者を名前で呼びますが、下の者は上位者を役職名で呼ぶ。

一見すると何でもないことのように見えて、じつはそこに「立場の違い」を意識させ、対等ではないのだと威圧する心理的効果が生じるように感じます。言い換えれば、日本の会社組織では、アットホームな雰囲気の中小企業や個人経営のお店などを別にすれば、社長から平社員まで皆が存在として対等だという意識を、意図的に持たせないようにしているかのようです。

こうした意識とも関連するのでしょうが、日本ではなぜか、飲食店などで客が店員に対して「偉そうにしてもいいのだ」と思い込んでいる人が少なくない様子です。飲食や買い物の終わりに店側が「ありがとうございます」と礼を言うことで、何か「客のほうが店側より立場が上だ」という思い込みが生じるのかもしれませんが、実際には客が支払うお金とお店側の商品やサービスを「等価で交換している」だけなので、立場は両方とも同じ、つまり対等であるはずです。

企業の中で、下の者に上位者を名前でなく役職名で呼ばせるという日本企業の慣習は、じつは「軍隊のやり方」なんです。軍隊内では、基本的に上官を階級名で呼びます。日本軍でも「少佐殿」や「中尉殿」、「軍曹殿」と、兵士が自分より上の人間を階級名プラス敬称で呼ぶことが一般的で、仲が良い将校同士や兵隊同士など、組織内の秩序を意識しなくても構わない場面でのみ、相手を気楽に名前で呼ぶことができたようです。

私は、相手が誰であっても「さん」づけで呼ぶようにしていますが、組織内の序列に関係なく「○○さん」と互いに名前で呼び合う慣習がもっと広がっていけば、一人ひとりが個人として率直な意見を上位者に対しても口にできる風潮がふつうになり、日本の組織も少しは風通しが良くなるように思えます。

トップダウンの集団は非常時に脆い

内田　どういう組織が効率的であるか、復元力が強いかということはもっと研究されていいと思うんです。でも、日本ではトップダウンの組織が一番効率的で、一番強いと無根拠に信じられている。これは経験的にも論理的にも明らかに間違っています。

まず、トップダウンの組織というのは、危機的状況に弱い。当たり前ですよね。現場で何か異常事態が発生したけれど、トップダウン組織では現場処理が許されませんから、現場はフリーズして、「上に判断を仰ぐ」ということをしなければならない。情報を中枢に上げて、その判断を仰いで、中枢から下りてくる指示に従って現場が動く……というのはでも遅すぎるんです。武道では、そんなことをしていたら「夜が明けてしまう」という言い方をしますけれど、現場で起きたことには現場で対処しないと間に合いません。でも、日本のトップダウン組織は現場への権限委譲ということを忌み嫌うんですね。権限移譲して、現場に自由にさせると組織が無秩序になると信じているから。

でも、そんなことはないんです。現場に権限委譲して、自由に対処することを許しても組織全体がみごとに有機的に統一されて動くということはあるんです。ただしそれはその組織が「何のために存在するのか」というミッションが明確であって、メンバー全員がそのミッションを内面化している場合です。別に他人に訊かなくても、組織にとってベストの選択が何であるかがわかる。そういう人たちで組織が形成されていれば中枢に大規模な管理部門を置く必要がない。

英国の進化生物学者のロビン・ダンバーという人が「ダンバー数」という概念を提案し

ていますけれど、これは組織が最も効率的に機能するメンバー数の上限は150人だという仮説です。山崎さんはご存じでしょうけれど、150人というのは現代戦の基本的な戦闘単位である中隊のサイズなんです。150人だと全員が顔見知りで、全員が誰にどういう能力や適性があるかを知っている。だから、縦方向の指揮系統を飛ばして、横から横へ「あれやっといて」「はいよ」でことが済む。「上からの指示を待ってフリーズしている時間」というのが、しばしば集団に致命的な損害を及ぼすということが経験的にわかっているからです。古代ローマ帝国の百人隊も新選組も効率的な戦闘集団はだいたいこのサイズなんです。

それから平時と非常時では組織のあり方が変わるべきだという考え方も日本人はしませんね。別に平時の組織はトップダウンでも構わないし、ブルシットジョブ漬けでも構わない。いくら無駄で非効率でも、それでいきなり誰かが死ぬわけじゃないから。でも、非常時になったらそれでは生き残れない。船が沈没する前とか前線が崩壊する時には指揮官は「生き延びられる者は生き延びよ（Sauve qui peut）」という最終指示を出します。もう組織的な動きはできなくなった。あとは自力で、自己の才覚で生き延びろという最後の命令です。日本の軍隊にはこれを発令する習慣がなかった。「玉砕」というのはもう組織的戦闘ができなくなっても、生き残ることを考えてはいけない。最後の一兵になっても戦えという意味ですからね。同じように、「損耗率《そんもう》」という概念もなかったと思います。伝統的には損耗率が30パーセントに達したら、あとはいくら戦ってもひたすら死傷者が増えるだけですから、そこで白旗を掲げて兵員を温存する。この発想も日本の軍隊にはなかった。

状況が変わるとルールも変わる。組織にとって利益が最大になり、損害が最小になるように、ルールを運用する。そういうプラグマティックな発想が日本の組織にはなかったし、今もないと思います。

山崎　太平洋戦争における軍組織の効率性について調べると、そのあたりの精神性のマイナス面は、きわめて深刻だったと思います。先の戦争中、アメリカ陸軍や海兵隊は限られた戦闘経験の内容と捕虜の供述から、日本軍の戦い方や日本兵の心理的特性を徹底的に分析・研究し、どう対処するのが効果的かというマニュアルを、軍内部の出版物にまとめて前線部隊の指揮官に配付していました。

それによると、日本軍は最初に決めた方針がうまく進展している間は、とんでもない強さを発揮している。ところが、何らかの理由で当初の方針が行き詰まると、非常に脆《もろ》くなる。臨機応変に方針を変更したり、いったん退却して態勢を整えるなどの選択肢がないから、米軍は日本兵が次にどんな行動をとるのかを容易に予想できた。そして、意表を突く形で反撃すると、日本兵は対処できず、ガタガタと一気に崩れていく場合が多い。

こうした思考と行動の硬直性は、先に述べた「極端な受け身思考」の副産物でもあります。前線の実情を知らない東京の参謀本部でエリート将校が決めた攻撃作戦は、現地の実情にしばしば合致せず、日本兵は十分な食糧も与えられないまま、鬱蒼《うっそう》としたジャングルや雪の積もった高山の踏破を強いられました。疲労と飢餓で兵士の命を危険にさらす事態になっても、上からの命令に逆らう指揮官は日本軍にはほとんどいませんでした。

「命令には絶対服従、当初の方針は絶対完遂」という、一見すると立派にも思える受け身の思考が組織の行動を硬直化させ、アメリカ軍は戦術を操作することで自分たちの望む正面に日本軍部隊を容易に誘導できました。

本来、始める理由も目的もなかった日中戦争が、撤兵のタイミングを見つけられないまま長期化・泥沼化し、結果としてアメリカとイギリスを相手とする大戦争にエスカレートした展開も、1937年7月の時点で陸軍と近衛《このえ》内閣が打ち出した「支那（中国）に反省を求める」という当初の方針を絶対完遂するという、柔軟性を欠いた組織の体質が大きな原因でした。

こうした失敗のパターンは、東京五輪や大阪万博をはじめ、現代の日本でも相変わらず繰り返されているように思います。

エリートの傲慢が大量の死者を生んだ

内田　では、日本が過去の失敗を教訓にしているかというと、全然していない。それどころか、「うまくいかなかったのは、組織が十分にトップダウンではなかったからだ」というふうに総括する。それがこの30年間の日本の組織がここまで劣化した最大の原因だと思います。

僕がよく知っているのは大学組織ですけれども、これは90年代から一貫して「トップダウン化」に邁進してきました。典型的なのは２０１５年の学校教育法の改正です。この改正によって、大学教授会はそれまで持っていた権限のほぼすべてを失いました。入試判定も卒業判定も、予算配分も人事まで、教授会は何の決定権もない単なる「諮問機関」に格下げされて、学長に権限が集中された。

こうやって株式会社みたいなトップダウン組織に改編されたわけですけれども、それから10年経っても日本の大学の衰退は止まりません。止まらないどころか衰退が加速している。でも、その理由は「トップダウン化が足りないからだ」ということになって、さらに大学構成員たちから権限が奪われた。

先ほどの東大の例からも明らかですけれど、教職員も学生院生も大学のありようについて何も発言できないような組織になった。そうやって思考停止したイエスマンだけで組織を固めてみたけれど、そんなことをすればするほど大学の学術的生産力は下落する。当たり前です。研究者というのは「管理されないで自由に好きなことをしている」時にパフォーマンスが最大化するというものなんですから。

山崎 かつての日本軍と現代の官僚や大学に共通するのは「エリートの傲慢」でしょう。戦前・戦中の日本においては、陸軍士官学校や陸軍大学校で好成績を修めて参謀本部や大本営陸軍部で要職を担うことが、陸軍のトップエリートの道でした。

では、陸軍のエリート参謀が立てた作戦が毎回成功したかというと、決してそうではなかった。たとえば、有名なガダルカナル島の戦いが失敗に終わった理由はいくつかありますが、最大の原因は参謀本部の判断ミスです。

南太平洋のソロモン諸島にあるガダルカナル島は、飛行場を建設可能な平地が北部に存在したことから、１９４２年８月から翌１９４３年２月にかけて、日米両軍の間で争奪戦の対象となりました。しかし、日本軍は海岸線が記された海図以外に同地の地図を持たず、陸上の地形や気候などを参謀本部が正確に把握できていなかった。そのため、どこのジャングルが濃密で、どこが通行可能かという情報が欠落し、効果的な作戦行動を行なえなかったのです。

前線に増援部隊を送る際も、現地の情勢を考慮せず小出しにして送り、兵力増強による戦況好転の効果を薄れさせてしまいました。そして、食糧や弾薬などの補給物資も十分送らず、不足分は精神力で補えと命じた。

その結果、日本軍はガダルカナル島で約2万人の死者を出しましたが、そのうち約1万5000人は、戦闘による戦死ではなく、餓死や病死でした。

また、南方での作戦中にたまたま帰国していた前線部隊の将校が陸軍の参謀本部に出向き、現場の悲惨な情報を報告して作戦計画の修正を求めても、作戦課のエリート参謀は「作戦を決定するのは我々だ、余計な口出しをするな」と傲慢な態度で耳をふさぎ、貴重な現場の情報を活かさず排除してしまったという事例もありました。こうした態度が、戦死者の数を増大させていったのです。

アジア太平洋戦争全体では、日本軍兵士の死者数は約230万人とされていますが、その約6割にあたる約140万人は、病気や飢餓で命を落としています。近代の戦争において、それほどまでに大量の兵士を餓死させた軍隊は他にありません。

それでも自らをエリートと見なす参謀将校たちは、最後まで現場の情報を汲み取ろうとせず、頑なに「自分たちは間違った判断をしない」という無謬性に固執し、誰も失敗の責任を負わなかった。今、日本の教育システムを動かしている人たちも、思考形態はそれとかなり近いように思えます。

反論できなくても身体は違和感で抵抗する

内田 「それはおかしい」と思ったら、上司の命令にでも抗命していいと思うんですよ。現場のことを知らない上司がおかしなことを言ってきたら、「こんなのありえないですよ」と突っ返すほうが長期的に見て組織を救うことになる。「これはおかしい」というのは叡智的な判断というよりは身体感覚なんですよね。話を聴いているうちに鳥肌が立つとか、胃がきゅっと縮んでくるとか、息が浅くなるとか、抵抗というのは身体反応にまず出てくるんです。その時点では「なぜダメなのか」という理由をクリアカットな言葉で言えない。でも、言葉にできない手前のところに「いやだ」という身体反応がある場合には、僕は身体反応に従うことにしています。

でも、今の日本の学校や企業はその逆に「嫌なことがあっても我慢できる身体」を作り込もうとしている。不快や無意味さに耐えられる鈍感さが社会的能力として評価されるという話をしましたけれど、自分の生命力を減殺《げんさい》するものに取り囲まれていても、「何も感じない」ようになったら、これは命にかかわる。

これは東大生たちと会っているとと感じるんですけれども、やはり彼らは際立って「無意味耐性」が強いですね。子どもの頃から受験勉強という「不快なタスク」を手際よくこなしてきたので、ブルシットジョブに対する拒否感がそれほど強くない。手際よくブルシットジョブを片づけることができるから。でも「手際よくブルシットジョブを片づける能力」なんか発達させたって仕方がないと思うんですよ。

僕の身体は「嫌なことを我慢できない」という点では、際立って敏感なんです。無意味耐性がきわめて低い。だから、ブルシットジョブにはまったく耐えられない。「いいから黙ってやれよ」という思考停止にまったく耐えられない。

山崎　身体的な拒否反応というのは、私も子どもの頃からしばしば経験してきました。中学1年生までは、学校に行くのが毎日楽しかったんですが、2年生になって、教師が自分たちを一方的に管理しようとしていることに気づき、質問したり抗議したりを繰り返しましたが、まったく聞く耳を持ってくれないことがわかると、学校に通う意味が感じられなくなり、行かなくなりました。

今は「不登校」という、私から見て問題を曖昧《あいまい》にする言葉がよく使われていますが、当時は「登校拒否」という呼び方が主流で、私の場合も「行けない」のではなく「行かない」という明確な学校システムへの拒否でした。自分の心や身体が、学校の何に対して拒否反応を示していたのか、当時は明確にわからず、現在でも部分的にしか説明できませんが、少なくとも担任教師が私たち生徒をひとりの人間として尊重する気がないと確信していたことは覚えています。

それで、中学3年生になってからは半分くらいしか通学せず、文化祭や運動会、修学旅行も参加しませんでした。卒業後、一応高校には進学しましたが、そこでも学校という制約の多いシステムに対する違和感はぬぐえず、16歳で退学して、ある雑誌の編集部で見習いとして働き始めました。

大人になって当時を振り返ると、両親には苦労をかけたなと思いますが、学校に行かないという私の決めたことを尊重してくれたのは本当に有り難かったです。日本社会の標準的なレールから脱線したあと、その先の人生がどんなものになるのか、皆目見当がつきませんでしたし、実際苦労も多かったのですが、それでも当時その決断をしたのは、私に関しては正解でした。

内田　僕も高校を二年で中退しています。今から思えば、とても自由な校風で、友だちもいい奴ばかりだったんです。あの学校にいてさえ無意味なことに耐えられないというんですから、本当に学校生活向きじゃない男なんだと思います。山崎さんはでも学校をやめてからずっと自由に暮らしてきたんですよね。

山崎　自由と言えば聞こえはいいですが、自力で生きていく職業的な能力をある程度身につけるまでは、将来に何の保障もない、不安定な境遇でした。

最初に入った編集部では、デジタル化される前のアナログ時代の雑誌編集や版下制作などについての職人的な技術を身につけることができました。自分の書いた原稿がその雑誌に掲載されたのは16歳の時でしたから、途中のブランクを脇に置くと、文筆のキャリアは今年で42年目になります。

その後は、印刷関係の業界や、自動車部品などの工場、警備会社、測量会社など、さまざまな仕事で生計を立てながら、趣味を兼ねた副業のような形で戦史を題材にしたボードゲームを制作し、ルールなどを英文に訳して、アメリカのゲーム会社に送って出版してもらうという生活を送りました。

そして、再び編集という業種に戻り、二つの会社でＤＴＰや地図制作を含む出版関係の仕事に従事したのち、２０００年に文筆家として独立しました。

これらの経歴は、一見すると今の私の仕事とは関係ないように思われるかもしれませんが、私の中ではすべてが繋がり、私という人間を構成する骨や筋肉になっています。今は、自由という境遇を最大限に楽しめる場所へ到達できた感じで、日本社会の標準的なレールから脱線しても、それなりに面白い人生を生きる道はあるのだと、確信を持って言うことができます。

いわゆる「不登校」には、いろんな理由や事情があるので、一概に「無理に行くことはない、学校なんてやめてしまえばいい」とは言えません。私のように、明確に「学校が嫌だ」という場合もあるし、「本当は行きたいのに学校の環境に問題があるので行けない」という子もいる。ただ、人生には既存の学校システム以外にも、いろんな道があるのだという現実に気づいてほしいなと思いますね。

内田　通信制の高校などオルタナティブが増えましたね。近所の学習塾の看板によく「個別」って書いてあるんで、「あれ、どういう意味なの？」って訊いたら、先生とマンツーマンで勉強する仕組みなんですって。学校に行って、周りに人がいる中で勉強することはつらくてできないけれど、勉強すること自体は別に嫌じゃないという子たちがそれだけたくさんいるということです。子どもたちが嫌っているのは勉強することそのものじゃなくて、学校というシステムの本質的な何かじゃないかな。

山崎　「東大生は無意味なことへの耐性が強い」というお話がありましたが、無意味なルールに従えるということは、体制側に利用されやすいという側面があるように思います。わかりやすい例を挙げると、アメリカ海兵隊などの新兵訓練がそのような形で行なわれ、命じられた課題について意味を考えず、求められたスピードで達成するように思考と行動を統制されます。

所属する集団や秩序の中で、耐えて従うことを要求されるこの課題は、本当に価値があることなのか。本来なら、耐えて従う前に自分の頭で考えるべき重要なポイントのはずです。でも、そんなふうに立ち止まって考えていると、競争で脱落して勝てなくなる。誰よりも先にゴールへと到達するには、疑問を抱いたり自分の頭で意味を考えたりするプロセスを頭から排除し、命じられた課題をひたすら最短の時間と最少の労力で達成することが

「最善手」になる。

そんな受け身の処世術に最適化できた人が、東大のような「ランクの高い大学」に入りやすいのかもしれませんが、高い学歴を獲得する競争に勝つことに思考を最適化するのと引き換えに、自分は何か大事なものを失っているのではないか、という面にも目を向ける必要があるように思います。

政治家や官僚の不正行為が国会などで取り沙汰される時、登場人物の経歴を見ると「東大法学部卒」という文字がしばしば記されています。もちろん、東大法学部を卒業した人が全員、そんな不正に平気で加担するわけではありませんが、少なくともその学歴は「倫理面での気高さや人間としての誠実さ」を保証するものでないのは確かだと言えます。

そして、無理にそのような競争に自分の思考を適応させて「高い学歴」を勝ち取っても、精神的な歪みが強いストレスとなって、心身の不調に繋がる場合もあるでしょう。無意味な課題に従う競争で勝つことよりも、そんな殺伐としたコロシアムから「逃げる」ほうが、その後の人生が豊かになる。そんな思考ができる大人が増えれば、日本社会も変わっていくのではないでしょうか。

内田　中高年男性が定年退職後に「壊れる」というケースはよく見ますね。あれは、やはり「不快で無意味なタスクに耐えることで報酬が得られる」という経験則を信じて、子どもの頃からずっと人生を「我慢一筋」で過ごしてきた男が、「あの努力の報酬がたったこれだけなのか」と知って愕然となる……というのがメンタルが壊れるひとつのきっかけのような気がします。

上位者による過剰な管理は集団の健康を害する

山崎　本当に哀しい話だと思います。日本社会でよく使われる「合理化」という言葉も、結局のところ「誰にとっての合理化」なのかを立ち止まって考える必要があります。たとえば、「経営の合理化」はほとんどの場合、経営者にとっての合理化であって、そのような大義名分で解雇される、首を切られる労働者にとっては、そこには何の合理性もないわけです。そんな風にメディアが人々の思考をさりげなく「経営者目線」に誘導していることも問題でしょう。

日本社会では、組織の序列で下位に位置する人でも、なぜか上位者の目線で状況を見てしまう傾向があるようです。自分は被雇用者なのに、雇用者の目線で雇用問題を考えて「給料を上げすぎると会社の経営が危うくなる」などと、経営面での心配をしてしまう。

本当なら、自分は被雇用者なのだから「給料を上げろ、それで経営が危うくなるかどうかは経営者が考えるべき問題なのだ」と主張してもいい。独裁国などを別にすれば、多くの国ではそんな主張が当たり前です。

実際、日本でも1970年代頃までは、労使の対決が社会のあちこちで起きて、権利主張のためのデモやストライキも珍しくありませんでした。しかし、バブル経済とその崩壊を経て、日本では労働者が権利主張のためのデモやストライキを行なう光景が激減しました。ふつうの人々が、自分の権利を主張しなくなった。

そして「合理化で無駄を省くことが集団にとっての利益だ」と言われると、その説明に内包された欺瞞的なトリックに気づかず、集団の利益のためなら自分が我慢するのも仕方ないと思いこんでしまう。そうすることでしか、自分は組織の上位者に認めてもらえないのだ、と理解してしまう人は非常に多い。

なぜこんな受け身思考の大人が増えたのかと言えば、私は学校というシステムの影響だと思います。テストでもスポーツでも、むやみやたらと競争を煽り、脱落の恐怖を味わわせ、自律性を校則で縛って弱体化させ、朝から晩まで何かしらの課題を与えて思考力を消耗させる。そんな環境に何年も置かれたら、自律的な思考や論理性、社会のことを考える余裕は持てなくなるでしょう。

個人の権利を意識し、社会の中で理不尽だと思うことにしっかりとNOを突きつけようと、継続的に発信している著名人は、小泉今日子《こいずみきょうこ》さんなど一部にはおられますが、芸能界や社会全体で見れば、今の日本では少数派です。

内田　過剰な管理がどれほど集団の健康を害するのか、そのことについて僕たちはもう少し自覚的になっていいと思うんです。もちろん、どんな組織にもある程度の管理は必要です。それでも、「管理はできるだけ少ないほうがいい」「ルールはできるだけ少ないほうがいい」ということは譲れない。

僕は「愛国者」としてそう考えているんです。日本の国益を守りたい、日本の国力をなんとか向上させたい、日本の国富をより豊かなものにしたい、日本の文化的発信力を高めたい、国際社会において他国から十分な敬意を示される地位にあってほしい。つねにそう思っています。そういう国に日本がなってほしいと、本当に切望しているんです。僕が手厳しくシステムを批判するのは「愛国者として」の立場からなんです。「知識人」としてシステムを批判するなら、自分のことはわきにのけて、大所高所から「かくあるべし」という一般論を語ることもできますけれど、「愛国者」としてはそうもゆかない。日本の手持ちのリソースがどれくらいかがまず気になる。資源は無尽蔵じゃないんだから、「あれも、これも」というわけにはゆきません。「ありものの使い回し」「やりくり」をしなければいけない。何から手を着けたらいいのか、ものごとの優先順位を決めなくちゃいけない。そういう「愛国者目線」で日本社会を見ると、この貴重な資源をあまりに無駄なことに蕩尽《とうじん》していることに、怒りを通り越してほとんど悲しみを感じるんです。こんなことを続けていたら、社会システムの「底が抜けて」しまう。もう国として格好がつかなくなる。それに苛立つんです。

でも、リベラルと左派の人たちは社会的公正を追求しているし、弱者に対する目配りも十分にあるんですけれども、「こんなことを放置していたら、日本が滅びますよ」というタイプの愛国者的なステートメントを口にしない。たぶん心のどこかに「国民国家などというものは政治的擬制である」という知識人的なこだわりがあるからなんだと思います。だから、さっき話題になった国旗国歌にしてみても、「そういうのはナショナリズム宣布のためのプロパガンダ装置だからよろしくない」というふうに一刀両断してしまって、「どういう条件が整えば、人々は心からうれしそうに『君が代』を歌い、日の丸を仰ぎ見るようになるか」というような問いの立て方をしてくれない。結果的に、政治的なエネルギーを喚起する力のきわめて強い、「日本のために」という言葉づかいを右翼が占有することになる。

これだけろくでもない政党でありながら、それでも30パーセント近い日本人が自民党に投票するのは、彼らが「日本のために」という言葉づかいを占有しているせいなんだと僕は思います。リベラルや左翼は「国難的時局」とも言わないし、危機を「国力の低下」というふうにも表現しない。「国民が苦しんでいる」ということを指摘するのは正しいんです。でも、それとは別に政治的幻想の水準で、「国を守る」ために何をすべきかという枠組みで語ることももっとしてほしいんです。左派がナショナリズムという政治的「利器」を使うことに自制的であるのはもちろんいいことなんです。でも、「愛国」という政治的なレバレッジを噛ませないと、国民的な政治エネルギーを引き出すことはできない。それは60年安保や60年代末のベトナム反戦闘争で僕は身に染みたんです。あの闘争にエネルギーを備給していたのは間違いなく「反米愛国」の情念でした。その情念を政治化しない限り日本の政治状況を根源的に変えることはできないんです。

国益の増進＝自己犠牲ではない

山崎　私も、国という共同体を枠組みとしていったん認めた上で、その健全さや将来の環境向上を目指すべきだという考えです。戦史や紛争史を研究していると、国を持たない民族や、国という枠組みを失った集団が、結果としてどれほど困難な境遇に追いやられるかの事例を、数多く見てきました。

たとえ問題山積の政府でも、ないよりはましです。その上で、少しでも不正を減らし、公正に物事が進められる領域を増やし、税金の使い方を変えることで人々が暮らす環境をより望ましいものへと変えていく。そんな努力こそ、本来の「自分の国を愛する」ということだと思います。

その努力を成果に繋げるためには、自分の周りの状況を観察する能力と、空を飛ぶ鳥の目線で全体を俯瞰する能力の両方が必要になります。

軍事の世界には、「戦略（strategy）」と「戦術（tactics）」という二つの概念があります。20世紀の初頭から、この二つを繋ぐ「作戦（operation）」という概念も提唱されるようになりましたが、基本は「戦略」と「戦術」の二つの階層に分けて、目的を達成する方策を考えようというものです。

戦略とは、大局的な目標達成のための計画と調整です。国の将来にとって何がプラスで何がマイナスなのかを考え、戦争全体の方向性を定める。これに対し、個別の戦いでどうすれば勝てるかを検討し、効果的に実行するのが戦術です。

戦略と戦術は、相互に補完し合うことで有効性を発揮するもので、その架け橋として作戦という概念も重視されますが、この二つの視点を両立させながら考えることは、意外と難しい。

たとえば、弱い立場の人を救おうという社会運動は大切なことですが、その戦術ばかりに目を奪われて、大局つまり国としての戦略の観点が欠けていると、運動としての影響力も一定のレベルで停滞してしまうでしょう。

内田　日本の左翼は「国益」という言葉を使いたがりませんね。でも一般解としての「政治的正しさ」と個別解としての国益は、それぞれについて配慮すべきだと思います。アメリカでは政治家の力を考量する時に、「どの人物が国益を最大化するか」という問いをストレートに立てます。ベネフィットを最大化し、ロスを最小化するのはどういう政治家がどういう政策を実行した場合か、それを計量的に知ろうとする。「政治的正しさ」はあくまで副次的です。「政治的に正しくふるまう」ことは国益に資するか、国益をむしろ損するかという問いをプラグマティックに立てる。

山崎　自分が生まれ育った故郷としての「国」の未来のために、自分もできることをする、というのは、ごく自然な感情だと思います。ところが、日本では「国益のため＝自己犠牲を強いられる」という固定観念が今も根強い。

その最大の原因は、大日本帝国時代に国民が政府から強制された「国家への献身奉仕と自己犠牲」の記憶が、まだ薄れていないからだと思います。

私も、昭和の大日本帝国がいかに自国民を粗末に扱い、さまざまな権利を一方的に取り上げ、国策の失敗で生活が苦しくなっても我慢させ、最後は命まで国家に差し出させた歴史を学んでいるので、そうなる心情は理解できます。

自民党の閣僚が徒党を組んで、大日本帝国時代の精神的シンボルとも言える靖国神社に参拝したり、教育勅語を学校の教材として使うことを容認する答弁を国会で行なったりしている現状ですから、「愛国」や「国益」という二文字に多くの国民が強い警戒感を抱くこと自体は、健全なことだと思います。

けれども、民主主義というシステムも、国という枠組みが存在して初めて機能するものですから、その枠組みの維持や改良について国民の一人ひとりが考えることには、民主主義の成熟や安定化に繫がる面もあるはずです。

内田　今の小中学生に「あなたは国のために何ができますか？」と問いかけたら、おそらくすごく嫌な顔をされると思うんです。「国のためなんてことは考えたくない」と言う子どものほうが多いんじゃないかな。自己利益をどうやって増大させるかには興味があるけれども、公共をどうやって立ち上げ、維持するかというような問いは自分には無縁だと思っている。でも、憲法にある「公共の福祉」というのは、長期的・集団的に考えた時の全国民の自己利益の総和のことなんです。

法律なんか守らずに、人のものを盗んだり、勝手に人を害する人はそれによって短期的には自己利益を増やすことができるかもしれませんけれど、集団の全員が「自分と同じような人間」になった時には自己利益を安定的に確保することができない。「自分のような人間」が自分ひとりであるなら利益が大きいが、「自分のような人間」が増えると利益が減る。つまり、「オレさえよければいいんだ」と言い放つ人は、「自分のような人間がこの世にできるだけ存在しませんように」と願っているわけで、これは自分自身に対する呪いに他なりません。算盤《そろばん》を弾けば、「オレさえよければそれでいい」という考え方をする市民が増えれば増えるほど長期的には集団は滅びに向かう。当たり前のことです。公共の福祉を配慮して生きるほうが長い目で見れば「間尺に合う」。でも、今の日本では「長い目で見れば」という言葉も「間尺に合う／合わない」という言葉も死語になりつつありますね。

山崎　私も同感です。利益を自分ひとりで独占すれば、その一時的な局面だけを見れば自分にとっての「得」を最大化できるように思いますが、部下がみんな腹を空かせている時に社長ひとりだけが豪華な食べ物をむさぼっていれば、部下の恨みを買ったり、やる気を損ねたりするマイナスの効果を生み出します。

まだ視野が狭く思考が浅い子どもならともかく、長期的な損得勘定ができる人間なら、利益を自分ひとりで独占せずに適度に分配したほうが、結局は自分の長期的利益にも繋がるとわかるはずです。

かつての日本社会がすべて良かったわけではもちろんなく、企業の経営者にもさまざまな問題があったとは思いますが、昭和後期の日本では、「社員とその家族の生活について面倒を見る」という観点を持つ経営者は、決して珍しくはありませんでした。社員もまた消費者なのだから、給料を気前よく払ったほうが、社会全体での「景気」はよくなる。景気という指標は、今は大企業の株価だけで判断されるようですが、昔は一般庶民の購買力のことでした。

内田　僕も会社を経営した経験があるからわかりますけど、会社の利益って「オーバーアチーバー（over-achiever）」の働きによってもたらされるんです。給料分以上の働きをしてくれる人がいるから、会社は成長する。どうしてオーバーアチーブしてくれるかというと、仕事が楽しいからです。オーバーアチーバーは自分の運命と会社の運命の間に相関があると感じている。自分が努力すれば努力した分だけ会社に「よきこと」がもたらされると実感できる。そういう人間だけがオーバーアチーバーになる。

だから、企業経営の基本は「どうすれば一人でも多くのオーバーアチーバーを育てるか」ということになるはずです。うるさく勤務考課をしたり、低い査定の社員に屈辱感を与えたり、人件費カットの理由ばかり探している経営者はこの基本がまったくわかっていない。

山崎　戦争においても、組織にとって一番危険な状態とは、変にやる気のある無能な将軍がトップの椅子に座っていることです。

無能な将軍は、自分の能力を過信して無謀な計画を立案し、判断力と責任感のなさで部下の兵士を余計に死なせる。「何もしないほうがまし」という無意味な行動を部下に命令し、大した戦果も挙げられず、人員の消耗で次の作戦行動にも支障をきたす。オウンゴールのように組織にダメージを与える。

「馬鹿な大将、敵よりこわい」という戯《ざ》れ歌がありますが、戦争の歴史を振り返れば、これは真理だとわかります。

今の日本政府にも、これに当てはまる人物が何人もいます。たとえば、前のデジタル大臣としてマイナ保険証の推進と従来型の健康保険証の廃止を強行した河野太郎《こうのたろう》。自分の能力を過信して無謀な計画を立案する、変にやる気はあるが無能で無責任な組織トップを絵に描いたような政治家だと思います。

無能で無責任な人間を、無能だと知りつつ組織のトップに居座らせておくことが、いかに社会全体にとって有害か、本気で議論を重ねるべき局面です。

内田　トップダウン組織の悪口ばかり僕は言ってますけれど、もちろんトップが「賢い人間」であれば、トップダウン組織はたいへんうまく機能するんです。問題は、トップダウン組織を必死になって作って、そのトップになりたがる人間はほとんどの場合「トップダウン組織のトップになりたい人間」であって「賢い人間」ではないことなんです。

岸田元首相が総理大臣になって最初にやりたいことを訊かれて「人事」と答えていましたけれど、これが典型ですね。組織保持のために何をしたらいいかには興味があるが、その組織がいかなるミッションを果たすために存在しているのかには興味がない。

トップに「賢い人」が選ばれるシステムであれば、王政だって貴族政だって寡頭政だって民主政だって、何だって構わないんです。でも、こういう非民主的な政体では、権力者は「自分より賢い人間」を決して後継者に指名しません。「自分より賢い人間」を権力の座に近づけていると、気を許すと寝首を掻《か》かれるかもしれないと思って、遠ざけて重用しない。こうなると「知的な縮小再生産」になりますから、代が下るにつれてどんどん頭が悪くなって、やがて暗君・暴君が出てきて全部壊れる。民主政は例外的に「先代より当代のほうが賢い」ということが時々起きて、延命する可能性の高い政体なんです。

でも、今の自民党を見ていると、もうほぼ「世襲貴族制」になっていて、「当代のほうが先代より賢い」というケースはまずありません。

どうやったら「賢い人」が政治決定できる仕組みを作るか、それを考えようと僕は言っているわけです。小学生みたいな言い分ですけれど、それさえ実現できていないことに日本の政治の衰退の原因があるんです。

第4章

動乱期に入った世界

軍事行動のルールを変えたプーチンとネタニヤフ

山崎　２０２２年に始まったロシアによるウクライナ軍事侵攻は、いまだ終わりが見えませんが、私はプーチンが仕掛けたこの戦争は、過去に彼が行なった戦争の始め方と比較すると、明らかに異なる様相を呈しているという印象を受けています。

これまでの紛争や戦争には、侵攻する側の国に何かしらの事実を踏まえた大義名分がありました。たとえば、２０１４年のクリミア併合も、プーチン大統領はまずクリミアの行政機構をウクライナから離反させて自らの支配下に入れ、現地の指導者にウクライナからの独立宣言を出させ、ロシアへの併合の賛否を問う住民投票を実施させ、と、手の込んだプロセスをアリバイ的に実行していました。

このような大義名分を国際社会に広めて容認論を作り、ロシアによる「クリミア侵攻」ではなく、独立国となったクリミア半島を、住民多数の希望によりロシアに併合するのだという体裁を取っていた。国際社会からの批判をかわすために、第一次世界大戦以後の世界で認められるようになった「民族自決の原則」を持ち出して、クリミア半島の住民がそれを望んだのだと主張しました。

ところが、ウクライナ侵攻においては、こうした論理的な大義名分は見当たらず、「ウクライナの非ナチ化」など、プーチンの妄想としか説明できない陰謀論が、戦争を正当化する方便として堂々と語られるようになっている。

私は当初、プーチンの思考力が年齢的に衰えたのではと考えていました。けれども、開始から2年以上が経ち、さらにイスラエルがハマスによるテロの報復としてガザ地区で子どもを含む市民の大量虐殺を行なう状況になると、どうやらこれはロシアに限った話ではなく、従来型の国際秩序の常識が崩れ去ったのだと理解しました。

国際社会での批判を怖れず、手の込んだ大義名分作りも最初から放棄して、一方的な「力による支配」で相手に無力感を味わわせるという、非常に粗雑で暴力的なやり方で物事を解決するようになり始めた。戦争や紛争を始めるハードルが下がり、もはや大義名分とさえ言えない「言いがかり」だけで、大勢の市民を巻き添えで殺すような軍事行動を起こす事態が珍しくなくなった。

パレスチナのガザ地区を拠点とするイスラム組織ハマスが、イスラエル領内への越境攻撃を仕掛けたのは２０２３年10月で、対抗措置としてイスラエル軍はガザ地区に対する無差別爆撃と地上侵攻を開始しました。これにより、ガザで多くの民間人が死傷しましたが、イスラエルのネタニヤフ首相は、「そこにハマスが基地を置いていた」「だから悪いのは「ハマスで、市民が巻き添えで死んだとしてもハマスの責任だ」という理屈で、武力行使を正当化しました。

イスラエル側は、病気の子どもたちが入院している小児病院まで、容赦なく攻撃した。戦時国際法や国際人道法を事実上無視して、赤ちゃんや子どもを含むガザの市民と、医療施設、外国からの医療支援スタッフ、さらには国連機関の職員まで攻撃の対象としています。さらに異様なのは、以前であればこうした国際法無視の非人道的な蛮行を国連などで非難してきたアメリカやドイツなどの政府が、ネタニヤフ首相の傲慢な言い分を丸呑みして、国際的な批判からイスラエルを擁護する立場をとっていることです。

ウクライナ戦争とガザ虐殺で、軍事行動のルールが変わりました。

内田　国が軍事行動において何らかの言い訳をするのは、たとえそれが国際社会のルールを遵守している「ふり」をすることに過ぎなくとも、そういう「ふり」をすることが必要だということがわかっているからです。本質は偽善ですが、偽善が多少なりとも戦争・暴力を制御するために機能していたのは確かだと思います。偽善によって死傷者がひとりでも減るなら、それはそれでひとつの抑止力と呼んでいいと思います。

戦時国際法は兵士が非戦闘員を攻撃することを禁止しています。「バカ言うんじゃないよ。銃弾が飛び交っている戦場で、視野に入った人間が戦闘員か非戦闘員か区別している暇なんかあるわけないじゃないか」という論理を振りかざす人がいるかもしれません。でも、仮にひとりの兵士が、視野に入った人間に銃を向けた時に「標的は非戦闘員かもしれない」と不安になって、一瞬のためらいが生じて、そのせいで標的にされた非戦闘員が生き延びたという事例があれば、戦時国際法の存否はこの個人にとっては生死を分かつものだったということになる。

山崎　ご指摘の通りで、戦時国際法は国家の指導者だけでなく、軍の兵士に対しても、行動に一定の抑制をかける効果を持っています。誰かが市民虐殺のような蛮行を働こうとした時、別の兵士が「それは国際法違反だ」と止める動きが生じることもある。国際法違反の行動を知りながら黙認すれば、戦争終結後に自分も訴追されるリスクがあるので、組織内で自律の効果が生じます。

でもネタニヤフ首相が公然と国際法を踏みにじる態度をとることで、前線のイスラエル兵の意識も大きく変わってしまった。彼らがスマホで撮影してネットで公開している動画を見ると、イスラエル軍は国際法の抑制効果など完全に無視して、むしろ破壊と殺戮《さつりく》を楽しんでいるかのようにすら思えます。

かつて日本軍は、先の戦争中、中国の南京《ナンキン》や東南アジアのシンガポール、マレー半島、フィリピンのマニラなどで市民の大量殺害を実行しましたが、軍紀つまり軍の規律が崩れていたことが原因でした。「一般市民の中に抗日ゲリラが混じっている」という理屈で、怪しいと見なした市民を家族もろとも殺害したり、彼らの住む村を焼き払ったりした。「自分と仲間を守る自衛行動だ」という理屈で、一方的な市民虐殺を正当化しました。

今のイスラエル軍も、当時の日本軍と近い状況ではないかと思います。ハマスによる奇襲攻撃は、直接的な死者1200人というイスラエルの建国以来最大の犠牲者をもたらし、イスラエルの軍人を含む国民に大きなショックを与えました。それに対する報復感情は、真珠湾攻撃や9・11後のアメリカ人が抱いたものと同様なのだろうと思いますが、ハマスの襲撃に何の責任も負わない赤ちゃんや子どもの殺害までも、「我々はハマスを根絶しているだけだ」という理屈で正当化する姿勢は、明らかに報復の限度を超えています。

歴史を振り返ると、旧ソ連のスターリンのような冷酷な指導者ですら、自国の行動が国際法違反と見られることを避けるため、さまざまな大義名分とアリバイ作りに手間をかけていました。しかし、プーチンやネタニヤフには、そんな懸念は感じられません。両者とも、徹底した自国中心主義の原理で、本来いるべきでない場所に自国の軍隊を送り込み、市民が生活を営む場所にミサイルを撃ち込んでいます。

このような現実が複数の場所で発生し、国連という第二次世界大戦末期に誕生した国際機関の無力さが露呈すると、自分たちも近隣の弱い国に対して同じようなことをやろうという指導者が現れるかもしれません。戦争を始める際に越えなくてはならないハードルが、ウクライナ侵攻とガザ虐殺で低くなり、世界は混沌とした動乱期に入ってしまったように感じます。

日本で「国連」と呼ばれている国際機関は、英語名を「ユナイテッド・ネーションズ」といい、第二次世界大戦末期の設立当初は、ナチス・ドイツおよび大日本帝国と戦う「連合国」という意味でした。

この機関に国が加盟する条件は、ナチス・ドイツや大日本帝国に対して「宣戦布告していること」であり、それゆえ1945年には、日本から遠く離れた中米や南米の国々、すでに連合国と講和していたイタリアまでもが、形式上の「切符」として大日本帝国に宣戦布告を行ないました。

設立時の経緯が示す通り、国連の基本理念は、まず第二次世界大戦を「人権や人道を踏みにじるファシズム国家（ナチス・ドイツと大日本帝国）」対「人権や人道を重んじる自由主義国家（連合国）」の道義的な戦いと定義することでした。

この理念に基づき、戦後の国際社会で戦争や紛争が発生し、特定地域で人権や人道を踏みにじられる状況が生じた時には、安全保障理事会（安保理）の決議に基づいて軍隊が派遣されたり、国連総会の決議などで制裁が科せられる仕組みとなっていました。

しかし、国連の常任理事国であるアメリカ政府が、イスラエル軍のガザでの蛮行を批判せず、むしろ徹底的に擁護する立場を取ったことで、第二次世界大戦中の「連合国」という道義的ポジションは実質的に崩壊しました。もはやアメリカは、地球上でどんなひどい虐殺が起きても、道義的観点からそれを批判する資格を手放してしまった。これは、きわめて重大な変質だと言えます。

第一次世界大戦後の国際秩序は、同大戦の戦勝国である連合国と敗戦国ドイツの講和会議が開かれたフランスのヴェルサイユ宮殿の名を取って「ヴェルサイユ体制」とも呼ばれてきましたが、第二次世界大戦後の国際秩序は、実質的に「ユナイテッド・ネーションズ体制」と言い表せると思います。

しかし、ロシア軍のウクライナ侵攻とイスラエル軍のガザ虐殺は、この「ユナイテッド・ネーションズ体制」を土台から揺るがす効果をもたらしました。もはや国連は、紛争当事国にとって怖れる対象ではなくなり、無視しても差し支えないと軽視される存在になってしまった。これが何を意味するのか。これからの国際秩序に、どんな影響と変化がもたらされるのか。

世界はもう、後戻りできない動乱の時代に入ったのでは、という実感があります。

正義とは「程度の差」である

内田　国連や戦時国際法は理想であり、幻想です。でも、つねづね言っていることですが、脳内想念にも現実変成力はあります。国連が体現していた理想の抑止力が弱まってきたというのは事実です。でも、国連の理念を相対的に弱めたものは現実ではなく、別のタイプの理念や幻想です。

イスラエル国家が今存在しているのは、19世紀末に始まった、ユダヤ人のための「民族的郷土（national home）」を建国しようという近代シオニズム運動の帰結です。そんな「夢みたいなこと」を本気で考えてた人間は１８９６年にテオドール・ヘルツルが『ユダヤ人国家（Judenstaat）』を出版するまで存在しませんでした。でも、そのヘルツルに「ユダヤ人だけの国」のアイディアを吹き込んだのは、まことに皮肉なことですけれども、「近代反ユダヤ主義の父」エドゥアール・ドリュモンです。「ヨーロッパにユダヤ人たちのための場所はない。ヨーロッパから出て行って自分たちだけの国を作れ。そこでなら尊厳のある生き方ができるだろう」というドリュモンの提案に刺激されて近代シオニズムは始まったのです。当初はウガンダやアルゼンチンも「ナショナルホーム」の候補地になりました。候補地は最終的にパレスチナに落ち着きましたけれど、ユダヤ人のナショナルホームは別にパレスチナでなくてもよかったのです。

シオニズムはひとつの政治的「アイディア」です。でも、ユダヤ人にとっては民族感情を強く喚起する力を持っていた。問題はそれが幻想や理念であるかどうかではなく、その幻想や理念に現実を変成する力があるかどうかです。国家も民族も言ってしまえばすべて共同幻想なんですから。

だからウクライナが「ここは自分たちの民族の土地だ」と言い、ロシアが「自分たちの民族の土地だ」と言う。国際法レベルではロシアの言い分には正当性がありませんが、民族幻想のレベルではロシアにも正当性がある。そして、プーチンが軍事行動を起こした一因には、ロシア大衆の攻撃的なナショナリズムを煽ることでおのれの権力基盤を確かなものにするという政治的な合理性がある。

戦争において、一方が100パーセント悪で、他方が100パーセント善だということはまずありません。「どっちもどっち」なんです。でも、その程度の差こそが問題になる。国際法があるのは、それがあれば戦争を止めることができると考えているわけじゃなくて、それがあれば戦争において「あまりひどいこと」が起きないようにできるからです。

ウクライナとロシアは「どっちもどっちだ」と言って判断を停止してしまうのではなく、それぞれの国の言い分が含む道理についてその程度差を考量することが僕たちの仕事だと思うんです。「ロシアが80悪くて、ウクライナが20悪い」というその程度の差を見届けたら、「ロシアが軍を引く」ことを求める。今回のロシアとウクライナの戦争について言えば、程度差としてはウクライナの言い分のほうが定量的に言えば80対20くらいで「筋が通っている」。パレスチナとイスラエルの戦争については、95対5でパレスチナに理があり、イスラエルに非がある。もしもイスラエル側に多少の節度があって、非戦闘員への空爆や、医療施設・宗教施設の破壊を自制するという態度を示していたら、この差はもう少し縮まったかもしれませんが。

戦争の当事者のどちらに正義があるのかというのは100対0の二項対立ではなく、いつだって程度の差なんです。でも、程度の差が決定的に重要だということに気がついていない人が多過ぎる。
いずれにせよ、なぜある国とある国の間に戦争状態が生じたのかをていねいに腑分けしてゆかないと、この「程度の差」を判断することはできません。だから、「程度差」を重く見る人は善悪当否を簡単には決めない。「善悪」が原理的に確定してしまうと、人はもうその判断を強化するための証拠探ししかしなくなる。でも、「善悪」の程度差を計量しようとする知性は、歴史を遡り、さまざまな意見に耳を傾け、場合によっては前言を撤回して「やっぱりこっちの国の言い分のほうが少しだけ理が多い」となることもある。僕はそのほうが知性の働きとしては健全だと思います。

山崎　戦争や紛争における正当性の主張が、100対0の二項対立ではなく、程度の差であるというご意見に、私も賛同します。イスラエル軍によるガザ市民の虐殺を批判する世界中の人たちも、決してハマスによるイスラエル市民の大量殺害を無視や是認しているわけではないと思います。
その一方で、近現代史を学ぶ者として、ネタニヤフが自分やイスラエル軍に対する批判に「反ユダヤ主義」というレッテルを貼って封じようとしたり、武力行使を正当化する方便として「ホロコースト」、すなわち第二次世界大戦中のナチス・ドイツによるユダヤ人大量虐殺を持ち出す行為に、強い違和感を覚えます。

そうした行為は、第二次世界大戦後にドイツや諸外国で行なわれてきた「ホロコースト学習」の意味を根底から喪失させる破壊的効果を持ちうるからです。

アメリカ政府と同様、ドイツ政府もまた、過去のユダヤ人迫害と大量虐殺への反省から、ガザの問題では一貫してイスラエル側に寄り添う態度をとっています。しかし、ダッハウやザクセンハウゼンなどのドイツ国内の強制収容所跡や、同国内各地にある近現代史の博物館で行なわれてきた「ホロコースト学習」は、被害者がユダヤ人だったから悪いというものではなく、特定民族を根絶する大量虐殺（ジェノサイド）を普遍的な人道的犯罪として批判的に理解し、被害者がどの民族かを問わず、二度と起こしてはならないという内容であったはずです。

ガザでのイスラエル軍による市民虐殺に抗議するヨーロッパやアメリカでの街頭デモには、ホロコーストを生き延びたユダヤ人やその子孫も、少なからず参加しています。彼ら彼女らは、民族の区分を超えた人道的犯罪として、イスラエル軍の行動を批判的に見ているのだと思います。

日本でも、イスラエル軍によるガザでの市民大量殺害を「ジェノサイド」として批判する抗議デモが各地で行なわれており、私も大阪の難波《なんば》で行なわれたスタンディング（路上抗議）に参加したことがあります。しかし、日本政府はガザの問題について、アメリカ政府に追従してイスラエル側に立つ姿勢をとっているようです。独自の判断ではなく、アメリカ政府の判断に追従していることに、一国民として怒りを覚えます。

アメリカがイスラエルを支持する理由

内田　ガザ情勢に関して言えば、日本は国家として明確なメッセージを発信していないと思います。フィンランドなんて兵庫県と同じくらいの人口しかいない小国なのに、きちんと国としてのメッセージを発信しています。南アフリカ共和国は、ハーグの国際司法裁判所にイスラエルの軍事作戦がジェノサイドにあたると提訴しました。それからあとも、多くの国がイスラエルを厳しく批判し、パレスチナ支援の旗幟《きし》を鮮明にしている。スペインはイスラエルとの武器取引を停止しましたし、ノルウェー、アイルランド、スペインはパレスチナを国家として承認した。コロンビアとニカラグアはイスラエルとの国交を断絶しました。それぞれに国際社会に向けて、自国の立ち位置をはっきりと示しました。

こういう問題については、自国の立場を明らかにするのは、国連加盟国１９３ヵ国すべてにとっての義務だと思うんです。停戦を訴えてもたしかに実効性はないかもしれませんけれど、堂々と停戦を訴えたという事実は残る。その国の見識は国際社会に示される。

でも、日本は2024年になってからは国連の停戦決議に賛成しましたけれど、アメリカとイスラエルに配慮して、「わが国はアメリカのバイデン大統領によるイニシアティブを強く支持し、全当事者が人質解放と停戦実現に取り組むよう強く求める」とあくまでアメリカのイニシアティブに基づく停戦だけを支持していて、ガザで行なわれているのは「ジェノサイド」であると言い切るところまでは踏み込んでいません。

山崎　戦後の日本社会において、政治家が戦争や紛争について語る言葉には、それなりに固有の意味と明確なメッセージがあったように思います。決して、アメリカ政府がこう言っているので我々もそれと同意見です、というものではなかった。けれども、第二次安倍政権以降の12年はとくに、確固たる見識を全然感じさせない、文字面はもっともらしいけれども固有の意味やメッセージが込められていない、空気のような言葉の羅列ばかりになったと感じます。

その理由は何だろうと考えてみると、まず政治家自身が独立した個人という覚悟や矜持を持たなくなり、この先に事態がどう転んでも当たり障りがないような、曖昧で漠然とした発言しかできなくなっているからだと思います。自分の内面の倫理基準でなく、国際社会で強い存在、つまりアメリカ政府の意向に従うという受け身の思考が常態化したこともあって、判断の主体性が失われ、人の心を揺さぶるような力を持つ言葉を発することができなくなった。

要するに、独立した主体としての自信を持てない政治家ばかりになった。

そして、政治家の発言から力が失われたもうひとつの理由は、文章を自分が書くのではなく、官僚に書かせているからだと思います。それゆえ、理念を伝えようというメッセージとは違う、守りに徹した防御力の高い、悪い意味で「保守的」な、曖昧で漠然とした形式的文言の羅列に終わってしまう。

内田　今の政府は、あとで言質を取られないことだけを気にして、空疎なメッセージしか出しませんからね。ここに国民国家としての見識のなさが表れてしまっている。

山崎　本来であれば、第二次世界大戦の敗戦国として、あるいは固有の文化と言語を持つアジアの一国として、戦争や安全保障の問題に関して「日本だからこそ語れること」がたくさんあるはずなんです。「そうか、日本にはああいう過去の歴史があったから、このコメントに説得力があるのだな」と他国や自国民に思わせるような、力強いメッセージを出すことも可能なはずなんですが。

内田　ガザの場合、中東の地政学があまりに複雑に絡まり合っているため、一般の日本国民の理解が追いつかない。これに関しては致し方ない部分もあると僕は思っています。

イスラエルのガザ地区への無差別攻撃は世界中の誰の目にも非道に映ります。アメリカもまた人道的な立場からイスラエルの攻撃には批判的ですが、一方、イスラエルの自衛権を強く支持している。これはアメリカ国内におけるユダヤ人ロビーからの圧力もあるのでしょうけれど、アメリカにとってイスラエルが中東における自分たちの最後の拠点になると考えているからだと思います。

もしも、中東でのイスラエルの力が相対的に弱くなると、アメリカはもう中東に「チャンネル」がなくなる。イスラエルが世界から孤立し、弱体化すると、次はイランが中東の盟主に躍り出る可能性があります。イランはハマスやヒズボラなどの武装組織を軍事援助しています。イランを中心としたグループの存在感が増せば中東の勢力図が塗り替えられます。イスラエルはアメリカにとって中東の中で唯一の友邦です。それ以外のアラブ諸国とは安定的な同盟関係は持てていない。ハマスによるテロ直前まではイスラエル、サウジアラビア、ヨルダン、バーレーン、UAEによる中東版NATO形成のための交渉が行なわれていましたけれど、これも停止している。

あと中東を安定させる可能性があるなら、トルコでしょう。エルドアン大統領はパレスチナ支持で、イスラエルを一貫して批判しています。仮にトルコが仲介してガザ停戦に持ち込むということになると、イスラエルにとっては不満足な停戦協定になる可能性があります。そして、これが通ればトルコのこの地域における影響力が一気に増大する。トルコにとってはオスマントルコ帝国の版図の再現は国民的な願望ですし、現に１９２４年にカリフ制が廃止されるまでは、多民族・多言語・多宗教のこのエリアをそれなりに安定的に統治していた実績があります。

ウクライナの戦争もガザの虐殺も、停戦においてイニシアティブを発揮できた国がそれ以後の中東のリーダーの座に就くことになります。でも、アメリカも中国もロシアも、自国以外のどこかの国が中東でリーダーシップを執ることをまったく望んでいない。他の国のリーダーシップの下で中東が安定するよりは、誰も停戦工作ができないまま中東がカオス化するほうが「まだまし」という計算がある。

山崎　とても複雑な論点ですが、確かにその側面は否定できません。実際、ネタニヤフはそのような込み入った近隣国の事情を理解しているからこそ、あれほど高飛車で強気な態度をとれるのでしょう。欧米諸国の政府は歴史的にも政治戦略的にも、イスラエルを見捨てないであろうと確信している。

その一方で、2024年の夏にはイスラエル国防軍のハガリ報道官が国内メディアのインタビューに登場して、「(現在行なっているような手段では)ハマスを消滅させることはできない。(ハマスとの対立を)武力では解決できない」と述べているんですね。ハマスとは「イデオロギー」つまり政治理念であって、現存する物理的な集団だけではないので、イスラエルを攻撃する「動機」がある限り、現在の指導者や戦闘員をいくら殺しても、ハマスの脅威は消えないだろうと。

イスラエル軍の幹部からも、こうした理性的で客観的な考えが述べられ始めた状況は、もしかしたら変化の兆《きざ》しかもしれないとも感じています。

内田　確かに報道を丁寧に追うと、イスラエルの側に変化の兆しのようなものがなくはないという感じがします。先日、イスラエルの最高裁判所が超正統派ユダヤ教徒の学生を徴兵するようにという判決を下しました(2024年6月25日)。これも先行きイスラエル国内では壊乱要因になるかもしれません。

超正統派ユダヤ教徒はユダヤ教徒の中でもとりわけ厳格に戒律を守る宗派のことです

が、イスラエルのいわば宗教的な核心にいます。だから、超正統派ユダヤ教徒に限っては徴兵と納税の義務を免除されていました。この超正統派はイスラエルを「単なる世俗国家」とみなし、聖史的使命を体現する「イスラエル」ではないという立場にあります。ですから、イスラエルだけでなく、アメリカでもヨーロッパでも、正統派ユダヤ教徒たちはガザ虐殺についてイスラエルを厳しく批判しています。アメリカでは「シオニズムに反対することは反ユダヤ主義である」という理屈で大学内でのパレスチナ支持運動がはげしく弾圧されていますけれど、正統派ユダヤ教徒は「シオニズムに反対することは反ユダヤ主義ではない」と明言しています。

国際的なユダヤ人社会内部にこのような原理的な矛盾が存在するわけですので、これからイスラエルの国内の政治状況がどう変化するか、予測は難しいです。僕としては、正統派ユダヤ人のイニシアティブでガザ停戦とパレスチナとの平和共存が実現することを願っているのですけれども、あるいはそのような国際社会の期待を叩き潰すために、イスラエルでは超正統派の信者に徴兵義務を課すというような暴挙に出たのかもしれません。

欧州にはホロコーストの反省とイスラエル建国の責任がある

山崎　ドイツをはじめヨーロッパ各国には、ユダヤ人を大量虐殺したホロコーストの実行や加担、傍観などについての歴史的な反省がありますから、ユダヤ人の国であるイスラエルのユダヤ人が迫害を受けた時には、原則として、連帯の態度を示さなければならない。この部分は理解できます。

しかし、だからといって「攻撃への報復」という大義名分で、ガザでの虐殺行為を無制限に黙認していいことにはならないはずです。ナチス・ドイツのユダヤ人迫害も、「ユダヤ人の害悪からドイツやヨーロッパを守る」という防衛的論理で正当化されたもので、日常的な差別やいじめの認識レベルでナチスのユダヤ人迫害を多くのドイツ市民が黙認した結果、銃殺やガス室による大量虐殺という人類史上の汚点とも言うべき異常事態へとエスカレートしたからです。

ホロコーストの記憶と反省、自国内で反ユダヤ主義が再興することへの不安と警戒、イスラエルや周辺国との外交関係など、ヨーロッパではさまざまな論点が存在するのが、この問題の難しさです。

内田　19世紀末からのヨーロッパ全土での激しい反ユダヤ主義、サイクス・ピコ協定による英仏の中東分割、イギリスの二枚舌外交、ナチスによるユダヤ人のジェノサイド……などなど数え上げればきりがありませんが、イスラエルが建国に至ったのはユダヤ人たちの民族的努力の結果というよりは、むしろヨーロッパ諸国がユダヤ人を中東に追放することによって、自分たちの問題にけりをつけようとした結果だと言えると僕は思います。もともとヨーロッパ諸国がユダヤ人に対して宥和的であり、彼らを自国のフルメンバーとして受け容れるという努力を19世紀末から真剣に行なっていれば、そもそもイスラエルは建国されていないし、今日のパレスチナ問題も起きていないのです。

「起きてもよかったのに起きなかったこと」について想像することは、しばしば目の前の現実を理解する上で生産的な手がかりを提供してくれますが、「19世紀末から今世紀初めまでの数十年間、ヨーロッパ諸国民がユダヤ人との共生ができるほどの市民的成熟に達していた」という、「起こってもよかったのだが、起こらなかったこと」という補助線を引けば、パレスチナ問題が本質的にヨーロッパの問題であるということが理解できるはずです。

山崎　イスラエルの人々の根幹にある民族的なアイデンティティは、つまるところ、歴史的な迫害に起因する「被害者意識」ではないかと思います。

私は、1999年の末から2000年の初めにかけて、イスラエルとパレスチナを旅したことがありますが、その時に「マサダ砦」という場所も訪れました。ここは、死海《しかい》に近いイスラエル東部の砂漠にある岩山に築かれた砦で、当時の支配者ローマ帝国に反乱を起こしたユダヤ人の集団が、3年間にわたって立て籠もったあと、西暦73年に集団自決して全滅しました。

このマサダ砦の陥落により、かつてこの一帯に王国を築いたユダヤ人は世界各地に散らばり（ディアスポラ）、迫害されることになります。それゆえ、この場所はイスラエル国民にとって民族的悲劇の象徴であり、イスラエル国防軍将校団の訓練はマサダ砦で行なわれて、最後に「マサダは二度と陥落させない」と誓います。

また、エルサレム旧市街にある「神殿の丘」は、ムスリムの聖地である「岩のドーム」が存在する場所であるのと同時に、ユダヤ王国がローマ人に滅ぼされたトラウマの場でもあります。神殿の丘の土台部分にある、ユダヤ王国時代の神殿の遺構である「嘆きの壁」を訪れるたび、ユダヤ人は「油断するとまたいつか滅ぼされるかもしれない」という危機感を思い起こすのです。

そんな感情が、やがて過剰な防衛意識となり、外部からの攻撃があるたび、民族的郷土が危機に瀕しているとの声がイスラエル国内で高まっていく。

こうしたイスラエル人の被害者意識を煽り、パレスチナを独立国として認めないという自らの政治的信念を具現化するために最大限に利用してきたのが、ネタニヤフという政治家なのだろうと、私は考えています。

中東の未来は誰も予測できない

内田　イスラエルは「自分たちは国際的に孤立している被害者である」という認識が根本にあると思います。歴史的にはまさにその通りなのです。ユダヤ人が民族的な規模で「加害者」のポジションを取りうるだけの軍事的実力を手にしたのは、1948年のイスラエル建国以後のことです。それまで紀元135年のバル・コクバの乱を最後に、二千年近くユダヤ人は民族的なかたちでは軍事的実力を持ったことがありません。この歴史的経験の偏りも、イスラエルの政策にかなり影響を及ぼしているのではないかという気がします。

たとえば、軍事についての経験がない集団では、「軍事行動における節度」とか「敗軍の将兵に対する気づかい」というようなことの意味がたぶんうまく理解されない。19世紀のフランスの思想家で『アメリカのデモクラシー』の著者・トクヴィルは第7代米大統領アンドリュー・ジャクソンを評して、「統治者になる資質がない」と酷評しています。それでもアメリカの有権者は2度にわたってジャクソンを大統領に選びました。なぜ、こんなつまらない男を大統領に選んだのか。トクヴィルはその理由を「米英戦争の時に彼がニューオリンズの城壁の下で勝ちえた戦勝の思い出」に帰しています。でも、トクヴィルに言わせればこの戦勝なるものは「戦争のない国でしか長く語り継がれることのないふつうの戦闘」に過ぎない。ジャクソンの経歴を見ると、「軍功」の大半は先住民の虐殺でした。トクヴィルが「戦勝」という語から連想するのはナポレオン戦争での勝利ですから、トクヴィルの眼にはジャクソンの戦功を神話化するアメリカ人は、ずいぶん「もの知らず」に見えたはずです。

ベン＝グリオン以来のイスラエルの建国以来の軍事的英雄たちについても、似たような過大評価がなされている可能性があると僕は思います。建国と祖国防衛のために戦った軍人については、いかなる批判も許されないという圧力がある。ネタニヤフについても政治的実績よりも軍歴を強調している感じがします。

このあと、ガザが壊滅するかたちで停戦が成立した場合でも、では誰がガザの行政を担当するのかという問題が残ります。今ガザ地区を実効支配しているのはハマスですが、もちろんイスラエルは停戦後のガザの行政をハマスに委ねる気はない。西岸を実効支配しているファタハがガザに入って来るということはあり得るか。これも難しい。そもそもファタハの無能と無作為のせいでガザはハマスが支配することになったわけですから、ガザ住民が今さらファタハを受け容れるとは思われない。では、どこがガザの行政を担うのか。他のアラブ諸国が手を挙げるか。そんな火中の栗を拾う国があるとは思われない。とりあえず国連や国際機関が緊急避難的にガザに入って、人道支援をすることになるでしょうけれども、それではいつまで経ってもパレスチナの自立は果たされない。ガザと西岸の統一を目指すにしても、いったい誰がどういう資格でイニシアティブを執るのか。パレスチナについては先行きわからないことばかりです。「こうすればパレスチナ問題はたちまち解決する」という人がいたら、その人は嘘をついていると僕は思います。

山崎　ガザ地区を支配するイスラム主義組織のハマスは、アメリカやEU諸国からはテロ組織と指定されていますが、戦闘集団としてイスラエルへの攻撃を行なう一方、ガザ市民に対して貧困救済や食糧配布などの福祉活動も行なっている政治集団でもあります。

海と壁に囲まれた閉塞的な環境で、他に頼れる存在がないガザの住民にとって、ハマスは理不尽な貧困に晒《さら》される自分たちを助けてくれる、事実上唯一の味方でもある。積極的にハマスの対イスラエル攻撃を支持しない人でも、生活の中でハマスに頼らざるを得ないという複雑な事情が存在しています。

内田　２００６年にパレスチナ自治政府で行なわれた選挙では、ハマスがファタハに大勝しました。パレスチナの民意はハマスを選んだんです。でも、イスラエルもアメリカも、ハマスとファタハが内部分裂しているせいで、パレスチナが弱体化していることを自国の利益にカウントしているので、両者の対立を煽って、パレスチナが統一されることを妨害してきた。

山崎　私が現地を訪れた１９９９年の末から２０００年の初めは、イスラエルとパレスチナの緊張関係が緩和されていた時期で、自動小銃を持ってエルサレム旧市街などに立つイスラエル兵にも、さほど威圧感を感じませんでした。

たとえば、私はエルサレム旧市街の「岩のドーム」を見学しようと思い、うっかりして金曜日に行ったのですが、毎週金曜はムスリム（イスラム教徒）の人しかそこに入れない決まりとなっていました。それで、門の所に立つイスラエル兵が私に「あなたはムスリムですか？」と訊いてきて、私がいいえと答えると「今日はムスリムしか入れない日です」と教えてくれました。

そのイスラエル兵は、地面に敷く物を持った大勢のムスリムが「岩のドーム」の前で静かに祈りを捧げることができるよう、門で秩序を守っていたのです。

当時のイスラエル首相は、エフード・バラクという人物で、イスラエル軍の特殊部隊で活躍したあと軍の参謀総長にもなった元軍人でした。しかし、彼は1995年に極右のユダヤ人に暗殺されたイツハク・ラビン元大統領と同様、ずっとアラブとの戦いに身を投じた結果として、イスラエルとアラブの長年にわたる対立という問題は戦いではなく相互譲歩の交渉でしか解決できないとの結論に到達し、首相に就任してからはパレスチナ側へ歩み寄る姿勢を見せていました。

バラクは、各宗教の聖地がある古都エルサレムも、西はイスラエル、東はパレスチナという形で分けようとしていました。けれども、同じく元イスラエル軍人のタカ派政治家であるアリエル・シャロンが、2000年9月に武装した護衛を引き連れて「岩のドーム」周辺へずかずかと踏み込み、パレスチナのムスリムを無視する形で「エルサレムはすべてイスラエルのものだ」と宣言したことから、各地で衝突が発生し、現在に至る関係悪化の発火点となりました。

現在、イスラエル政府もハマスも「相手側がこちらを攻撃しているから応戦する」との主張を頑なに崩さず、いわば「戦いの継続」という目的において、利害が一致してしまっているような状況です。ネタニヤフはパレスチナの独立を認めず、ハマスもイスラエルという国の存在を認めない姿勢なので、戦いがいつまでも終わらずに継続したほうが、両者ともに権力基盤が安定するからです。

イスラエル対ハマスという単純な二項対立の図式で語られがちなガザの問題ですが、実態はそう単純ではないんですよね。それゆえ解決が難しい。

内田　パレスチナの未来について明確なビジョンを掲げてくれる人物が、パレスチナの内部から出てくれればいいんですけれど、困難な願望でしょうね。

第5章

自ら戦争に歩み寄る日本

いかにして総力戦を回避するか

内田　近い未来、日本が戦争に巻き込まれる可能性はあるのかという問題に移りたいのですけれど、これについては20年前、30年前に比べると、戦争に巻き込まれるリスクは明らかに高まったと思います。

こういう言い方は虚無的に聞こえるかもしれませんけれど、とにかく「いかにしてヒステリックな総力戦に持ち込まないようにするか」ということが、今の日本人がとりあえず取り組むべき優先的な課題だと思います。

総力戦というのは、軍隊だけでなく、政治体制も、経済体制も、ジャーナリズムも、学校教育も、銃後の家族も一丸となって戦争のための国民的エネルギーを備給するというシステムです。

国民国家がそれまでの帝国や王国と比べて戦争に強かったのは、王侯貴族が領土や王位継承権を争った戦争では、戦闘の主力が傭兵であり、一般民衆は戦争をしている横でふだんどおりに畑を耕したり、商売をしたりしていたからです。戦争に参加しているのは、国の一部で、決して総力戦ではなかった。

でも、フランス革命以後の国民国家では戦闘主体が義勇兵になりました。金で雇われたわけじゃなくて、市民が自分の意志で、フランス革命の歴史的意義を伝えるために、進んで戦争に参加した。そして、あらゆる国民資源が戦争に投じられることに市民たちは誰も反対しなくなった。

戦争を遂行するためには、政府と軍隊と国民という三つの要素が必要だと言われます。戦争を選択することが「政策的に合理的だ」と判断するのが政府、戦争を効率的に実行するのが軍隊、そして、戦争に必要な感情エネルギーを備給するのが国民。国民感情は戦争を前に進めるエンジンの燃料なんです。

9・11のあと、アメリカは総力戦レジームを採択して、その結果、いくつもの戦略的な失敗を犯して、国力を大きく殺《そ》がれ、グローバル・リーダーシップも失いました。だから、「総力戦にのめりこむことのリスク」は経験知としてアメリカにはあるはずなんです。

ベトナムでもアフガニスタンでも湾岸戦争でも、アメリカは必ずしも国民の好戦的な感情をフルに動員することはできなかった。国内に戦争指導部への懐疑や批判という「カウンター」が存在したことが、結果的には戦略的な失敗からの「復元」の足がかりになった。1970年代後半から、ベトナム戦争の歴史的敗北にもかかわらず、全世界的にアメリカ文化が受け入れられ、映画も音楽もファッションもアメリカナイズされた。でも、これはベトナム戦争に反対した「カウンター・カルチャー」が発信源でした。国内にホワイトハウスの政策に厳しく反対する勢力が存在したことが、結果的にはアメリカの国力回復を早めた。

ですから、戦争に際して、国民的な熱狂は冷静な判断を不可能にして、結果的に国益を損なうリスクを高めるということについては、アメリカは経験的にはわかっているはずなんです。

ヨーロッパ諸国も同様だと思います。第二次世界大戦からあとの80年間については、ヨーロッパの国で「総力戦」的なマインドになった国はひとつもありません。中国は言論統制が厳しいですから表立ったかたちで戦争指導への批判は出てこないと思いますが、14億人が雪崩《なだれ》を打って一丸となって戦争に感情的にのめり込むということは中国人はしそうもありません。国は国、個人は個人という切り分けがはっきりしている国ですから。

山崎　日本人は「一丸となって」という言葉にすごく弱い。スポーツでも戦争でもそうです。特定の目的を達成するための合理的判断として「一丸」の効能を理解しているというより、集団全員で同じゴールを目指して邁進する時に生じる「高揚感」に酔いたいという、感情的な理由が大きいように思います。

でも、「国を守るために国民が一丸となって」という言葉に酔う前に考えないといけないのは、そこで言う「国」とは何かということです。第二次世界大戦の時、大日本帝国政府は国民に「お国のために」と言って戦争への加担を強制し、軍人も市民も「お国のため」の自己犠牲を要求されましたが、そこで言う「守る対象の国」に、国民の命や生活環境は入っていませんでした。「国」とは天皇とそれを中心とする国家体制のことでした。

一方、同じ第二次世界大戦期でも、敵国に敗れそうになった時、国家体制を守ることよりも、国民の命や生活環境を守ることを優先する判断を下した政府が存在します。１９４０年のフランスです。

同年5月から6月にかけて、ベルギーを経由してフランスに侵攻したドイツ軍は、機動力のある戦車を駆使してフランス軍とその同盟国であるイギリス軍の主力をダンケルク方面で包囲することに成功し、首都パリの前面は守るフランス軍部隊がほとんどいない、がら空きの状況となりました。

そんな危機的状況の中、首相に就任したのが、第一次世界大戦の英雄として国民から信頼されるフィリップ・ペタンという人物でした。彼は、状況を総合的に判断して「今回の戦いはフランスの負けだ。当分はヨーロッパでドイツの覇権が続くだろう。そうと決まった以上、なるべく敗北に伴う傷を浅くして、ドイツ中心の新秩序で少しでも良いポジションを確保し、いずれ国力を回復して、次回の対ドイツ戦に備えよう」と考えました。

その結果、彼は首都パリについて「無防備都市宣言」を行ない、フランス軍部隊をパリ市内に配置せず、抵抗もしないから、ドイツ軍はパリを攻撃しないでくれと伝えました。これは、ハーグ陸戦条約という戦争の国際的法規を定めた条約の第25条（当時）で認められたもので、これによって民間人の犠牲や住居の破壊などを回避することが可能でした。

その結果、フランスは第二次世界大戦の序盤、ドイツ軍の西方攻勢開始からわずか6週間で屈服し、1944年6月のノルマンディー上陸作戦とそれに続く8月のパリ解放までの4年間、フランスの北部と西部はドイツ軍の軍政統治下に置かれ、中南部の限られた領土と中東やアフリカ、東南アジアの海外領土だけが、ヴィシー政府と呼ばれる新生フランス政府の領土となりました。

ドイツ軍の侵攻を受けたフランスの政府が、パリの無防備都市宣言という苦渋の決断を下して敗北を受け入れたのは、これ以上戦っても国民の命と財産を守れないことが明白になったからです。守れないのだから、それ以上戦う必要はない。だから戦いをやめる。当時のフランス政府はそういう決断を下せた。

なぜそれができたのかと考えると、二つの理由があります。

ひとつは、フランスが第一次世界大戦で莫大な死者を出した歴史が、人々の記憶に生々しく残っていたこと。大砲と機関銃、塹壕《ざんごう》（兵士が身を隠して移動できる地面の溝）と鉄条網の組み合わせは、攻撃する側の歩兵の損害を激増させ、戦争に伴う犠牲の大きさに人々はおののきました。

ある統計によれば、フランスは第一次世界大戦の戦勝国であるにもかかわらず、戦死者の数は約140万人、身体の欠損を含む戦傷者は約427万人でした。

私は2014年にヨーロッパをレンタカーで旅行し、北部のダンケルクからカレー、ディエップ、ノルマンディー海岸を経由して首都パリに至るフランス北部も車で走りましたが、その時に知ったのは、通過する町や村の中心部に、第一次世界大戦に出征して還らぬ人となった兵士の記念碑があることでした。小さい村でも、第一次世界大戦に出征した兵士の彫刻などをあしらった記念碑がある。それらを見て、私は第一次世界大戦がフランス国民の心に刻みつけた深いトラウマのようなものを感じました。

フランスが降伏した1940年は、第一次世界大戦の休戦から22年しか経っておらず、多くの大人たちは戦争がもたらす惨禍《さんか》について生々しく記憶していたことでしょう。そんな状況が、ドイツ軍の電撃的な侵攻を止める術《すべ》がなくなった時、政治体制より人命を優先する判断に繋がったのだろうと思います。

また、フランスとドイツは第一次世界大戦とその前の普仏戦争で何度も戦った経験を持ち、ある戦争で敗北しても「すべてを失う」とは考えていませんでした。

アルフォンス・ドーデの短編小説『最後の授業』（1873年）は、普仏戦争でフランスが敗れて東部のアルザス・ロレーヌ地方がプロイセン（ドイツ帝国）に併合される話でしたが、一度の戦争で負けて領土の一部を失っても、次で勝てば取り返せるというような考え方が成り立っていました。

これが、フランス政府が敗北を受け入れた二つ目の理由です。

ペタンが1940年に決断したドイツへの降伏は、その後のユダヤ人迫害への加担などから、戦後のフランスや国際社会では必ずしも肯定的に評価されていませんが、フランスが第二次世界大戦で失った人的損害は、軍人約20万人、民間人約35万人の計55万人で、ドイツやポーランドの10分の1以下、第一次世界大戦でフランスが失った140万人と比べてもその4割ほどでした。

戦争で損壊した身体を持つ兵士が日常に戻ってくる

内田　どういう場合に戦争が悲惨なものになるのかについては、いろいろと歴史的条件があると思いますが、「理解も共感も絶したまったくの他者」を相手にする戦争と、「理解も共感もかなりできる他者」を相手にする戦争では、「相手を知っている」つもりでする戦争において暴力の抑制が効かなくなるという事例が多い。

歴史上、損耗率の最も高かった戦争は南北戦争ですけれど、この時、北のアメリカ合衆国と南のアメリカ連合国（Confederate States of America）は直前まで同じ国であり、同じ言語、同じ宗教、そして、ほとんど同じ憲法を持っていた。にもかかわらず、独立戦争とは比較にならないほどすさまじい殺し合いを演じた。

日本の中国戦線での暴力も南京大虐殺など非道なものばかりでしたけれど、この時も「アジアはひとつ、日本中国朝鮮は同胞」という兄弟幻想のせいで暴力に歯止めが利かなくなったように見えます。戦争暴力にエネルギーを備給するのが国民感情であるとすると、理解とか共感とか親しみとか同胞意識といったプラスの国民感情は簡単に逆に振れて、「裏切られた」憎しみに転化する。

それと好戦的な感情をドライブするのは抽象的な「国益」の多寡《たか》ではなくて、やはり生身の身体が毀損《きそん》されるという経験が多いように思います。第一次世界大戦では、今山崎さんが言われたように、長期にわたる塹壕戦で大量の死者を出しましたけれど、やはり「殺人機械」による人体破壊のトラウマが、ヨーロッパの人たちに処理できない感情的混乱を引き起こしたと思います。

第一次世界大戦の直近のヨーロッパでの戦争は普仏戦争です。この時は伝統的な歩兵と大砲による戦争で、ドイツとフランスが戦い死者は25万人でした。でも、そのわずか44年後の第一次世界大戦では、同じ国が戦いながら、死者は1000万人に達した。どうしていきなり増えたのかというと、歩兵たちは昔と同じ布の軍服を着て、小銃を担いで戦場に向かったのだけれど、兵器テクノロジーは飛行機、タンク、地雷、火炎放射器、毒ガス……と急激な進化を遂げていたからです。人体が機械によってシステマティックに破壊された。死者は1000万人ですが戦傷者は2000万人に達した。整形外科の発達していない時代ですから、手がない、足がない、眼がない、鼻がない、顎がない……という破壊された身体のまま多くの兵士が市民生活に戻ってきた。戦後しばらくしてからのフランスのリセの同窓会の写真を見たことがありますけれど、3分の1くらいは身体損壊者でした。

それにもかかわらず、第一次世界大戦の戦傷者のトラウマを扱った文学作品はきわめて少ないんです。僕が知っているのはロレンスの『チャタレー夫人の恋人』とヘミングウェイの『日はまた昇る』だけです。これはどちらも戦傷で性機能を失った男性の苦悩と無力感がテーマですけれども、文学作品を通じてこのトラウマ的経験を「癒す」ということにはどちらの作品も成功していない。それだけ第一次世界大戦の人体破壊の衝撃は大きかったのだと思います。

わが身に何が起きたのかうまく捉え直すことができないという感情的混乱が、大戦間期の「不安」とか「危機」と言われる精神的状況の本質だったんじゃないかと思います。混乱し過ぎていて、「本当は何が起こったのか」をきちんと意味づけできなかった。わずか20年後にさらに巨大な規模の戦争が起きることをヨーロッパが止められなかったのは、その混乱のせいじゃないかと思います。

山崎　日本にも日清・日露戦争で負傷し、損壊された身体になって戻ってきた兵士はいたはずなんです。けれども、人数としては第一次世界大戦でのフランスやイギリスの傷痍《しょうい》軍人には遠く及ばない。

また、第二次世界大戦末期を除いて、大日本帝国時代の戦争は常に「よその国」で行なわれ、無敵皇軍の日本兵が勝つのが当然という風潮でしたから、一般市民が戦争のリアルな爪跡を知る機会もなかったのでしょう。それが戦争を賛美し、美化する風潮へ繋がったという経過は重要だと思います。

内田　もちろんそれ以前にも戦争から損壊した身体で戻ってきた兵士は多くいたはずです。でも、それは意図的に隠蔽された。損壊された身体を持った元兵士が目の前に出現すると、市民は感情的に混乱してしまうから。自分たちが「皇軍無敗」の神話を信じて日の丸を振って送り出した兵士たちが破壊されて戻って来ると、何が何だかわからなくなる。それほど簡単に「じゃあ、反戦平和」とは切り替えられない。ショックが強すぎて、戦争について思考停止に陥ってしまう。

僕らが子どもの頃、64年の東京五輪の前くらいまではまだ渋谷《しぶや》や銀座《ぎんざ》にも街角に傷痍軍人が立っていました。もちろん本当の戦傷者ではない人もまじっていたのでしょうけれど、それを見ると子ども心にも「見てはいけないものを見た」と思って怖くなりました。戦争の本質がそこにあると直感したんだと思います。

東京大空襲とか広島と長崎の原爆投下とか、数十万規模の死者が出る戦争被害だと、それは「データ」になってしまうから、心理的には処理しやすいんです。被害規模が大きすぎるともう想像力が追い付かないので、具体的に、個々人の身体においては何が起きたのかがイメージできなくなる。

シルヴェスター・スタローン主演の『ランボー』はベトナム戦争でトラウマを負って社会に適応できなくなった帰還兵の話ですが、あの映画は、戦争は兵士個人の身体と精神に回復不能の傷を残すというメッセージをはっきり前景化したという点ではすぐれた映画だったと思います。この時期には『タクシードライバー』や『ローリング・サンダー』など、ベトナム戦争でメンタルが壊れた帰還兵が暴力を制御できなくなるという話が大量に製作されて、ヒット作の定番になりました。これらの映画は戦争の実相を伝え、それからあとの総力戦的マインドを抑制するという点ではそれなりの貢献を果たしたと思います。

でも、日本にはこれに類するものがない。ほぼゼロです。文学作品でしたら、軍隊生活あるいは従軍経験で個人的に精神に傷を負った兵士の話は大岡昇平《おおおかしょうへい》の『俘虜記』とか野間宏《のまひろし》の『真空地帯』とか大西巨人《おおにしきょじん》の『神聖喜劇』とかいくつもありますけれど、これが総力戦に向かう国民感情の暴走を食い止めることができるとは思えない。文学的に過ぎるから。国民感情を抑制できるのは、「総力戦の物語」に対抗できるくらいにインパクトのある「総力戦によって壊された人間の物語」だと思います。

軽薄な帝国陸軍賛美のムードが戦争の下地になりかねない

山崎　戦後80年を迎える今は、大日本帝国が総力戦に突き進んだ戦中の空気とその後の反省を体験として知っている人間がどんどん減っています。それに伴う形で、再び日本社会に戦争を甘く見るような空気が広がっていると感じます。

２０２４年5月には、沖縄県与那国島《よなぐにじま》の糸数健一《いとかずけんいち》町長が、「台湾という日本の生命線を守るためには、全国民が（中国と）一戦を交える覚悟が問われている」や「憲法9条を変えて交戦権を認めてほしい」などと発言をしてメディアに取り上げられました。発言した町長には、過去の沖縄戦の歴史を踏まえた上でその言葉の意味を理解しているのかと、報道記者は厳しく問いただすべきでしょう。

内田　中国と日本が一戦交えれば、日本が勝てるとでも思っているのでしょうか。米中戦争について、いささか旧聞に属しますが、２０１７年にジョセフ・ダンフォード統合参謀本部議長も、このままでは中国に対する「量的・質的な競争優位を失う」と警告を発しています。通常兵器による戦争では、アメリカは中国に負けるかもしれないということをすでに米軍人自身が認めている。とくにＡＩ軍拡では中国に遅れを取っているという論文を僕はいくつも読みました。アメリカにはそれだけの危機感がある。自衛隊が人民解放軍と戦争して勝てると思っているのは、よほど無知な人です。

山崎　本当にそう思います。80年以上前の日本にも、そんな独善的なファンタジーを抱いて戦争を支持した人々がいましたが、そんな連中は一度戦争を始めたら「勝つ」以外にそれを終わらせる発想を持たず、完膚《かんぷ》なきまでに敗北するまで止められませんでした。さらに危険なのは、「世界最強のアメリカ軍と一緒なら中国軍に勝てるのだから、戦争になっても心配しなくていい」という甘い考えを持つ人間が、政権与党や自衛隊の周辺に少なからずいることです。

また、自衛隊の組織内でも、かつての日本軍への憧れを隠さない精神文化が表面化し始めているのが気になります。

陸上自衛隊大宮《おおみや》駐屯地の第32普通科連隊は、ツイッター（現X）の公式アカウントで先の大戦について、「大東亜戦争」というアジアへの侵略戦争を解放戦争に見せかける当時の言葉で呼んだり、自分たちは「近衛兵の精神」を受け継いでいる、つまり天皇の御親兵であると自称したりしています。こうした軽薄な帝国陸軍のノリ、戦争を軽んじる風潮が政府や自衛隊内で広まっていけば、日本が戦争に足を踏み入れる心理的なハードルは下がっていくでしょう。

内田　そういう感情的な煽りは総力戦の素地になるものです。それが自衛隊から発信されていることに強い不安を感じます。自衛隊のシビリアン・コントロールが効かなくなっているのか、シビリアン自身がその程度の認識で国防を考えているのか。どちらにしても危機的な徴候だと思います。

それに日本の製造業が兵器製造に前のめりなのも気になります。この人たちは要するに「金儲けがしたい」という理由で兵器産業シフトを進めている。安全保障戦略も、外交についての見識も何もない人たちが、「兵器の需要が高まる環境」を望んでいる。

どちらにも戦争に対する「なめた態度」が感じられます。戦争を自分たちの自己都合でハンドルできると思い込んでいる。こうなると、国民感情に火を点けて、感情資源を引き出そうとする人たちが出てくる。これに冷水を浴びせて、「冷静になれ」と伝えるのが知識人の務めだと思います。

第二次世界大戦期の大日本帝国にはなかった「人命尊重」の観点

山崎　大日本帝国が第二次世界大戦で失った人的損害は、軍人・軍属が約230万人、民間人が約80万人の計310万人でした。1944年秋には、日本の敗北が実質的に確定したような状態だったにもかかわらず、日本政府が降伏という決断を下せなかったのは、陸軍と海軍の組織の面子に加え、敗北への恐怖心が政府・軍人・国民の心を支配していたからだと思います。

先に述べたフランスの例とは対照的に、大日本帝国が経験した戦争や海外派兵は、すべて日本軍の勝利か、派兵した部隊の撤収であり、完全な敗北は一度も経験していなかった。それで敗北への恐怖心から、軍人や国民の命がどれほど失われても戦争の継続を止められず、多くの人命をむやみに失わせる結果となりました。

日本が再び戦争の当事国となる可能性は、自民党政権下でじわじわと高まっているように感じますが、実際にそうなる前の段階で、日本国民は戦争と人命の関係について、過去の事例を改めて認識する必要があるように思います。

前回は、政府も国民も自国が戦争で負けることを過剰に怖れて、負けないためには戦争を続けるしかないと信じ、人の命がどれほど失われても疑問に思わない、という異常な心理状態に陥り、集団自決や体当たり自殺攻撃（特攻）などの悲惨な事態が引き起こされました。国家への献身という「美談」に皆で酔い、冷静な判断力を失い、威勢のいい好戦的な主張が際限なくエスカレートしました。

あのような悲劇と地獄を繰り返さないためには、たとえ戦争であっても政府は自国民の命を粗末に扱ってはいけないという、民主主義国ではごく当たり前のことを、国民一人ひとりが認識し、それを政府に要求する必要があります。集団自決や特攻について「戦争だから仕方なかった」という説明で納得してはだめなんです。

先ほど、フランスが1940年にパリの防備を放棄してドイツに降伏し、それによって多くの人的・物的犠牲を回避した事例を説明しましたが、じつは日本の為政者も、かつてそれと似た決断を下したことがあります。

幕末の1868年に行なわれた「江戸城の無血開城」がそれです。

当時、日本は戊辰《ぼしん》戦争と呼ばれる内戦の最中で、薩摩《さつま》藩と長州《ちようしゆう》藩を中心とする明治新政府軍が江戸に迫った時、幕府の陸軍総裁という軍トップの地位にあった勝海舟《かつかいしゆう》は、徳《とく》川慶喜《がわよしのぶ》の意を受けて新政府軍の西郷隆盛《さいごうたかもり》と談判し、江戸城の明け渡しと引き換えに、江戸への全面攻撃を回避させることに成功しました。

当時、日本の首都だった江戸には100万人を超える人々が暮らしており、もし明治新政府が江戸を攻撃していれば、多くの死傷者が出て街も焦土と化していたと考えられます。当時の江戸幕府は、現実の状況を冷静に把握し、敗北を過剰に怖れることなく、最悪より随分ましな結果に着地させせました。

内田　江戸城無血開城は合理的な解だったと思いますし、戊辰戦争も避けるべきだったけれど、避けられなかった。そして、結果的にはこの内戦のせいで、日本国内に深い分断が残された。賊軍とされた奥羽越《おううえつ》列藩同盟の諸国はそのあと昭和に至るまで冷遇されました。

内田家は賊軍の庄内《しょうない》藩士と会津《あいづ》藩士の血を引く家系なので、「東北の暗さ」は家風として伝わっています。旧賊軍の藩に生まれた者は、戦前の薩長藩閥政府の下では、政官財どの世界に進んでもキャリアパスが開かれないという諦めとルサンチマンが父たちの世代にまで濃密でしたから。そして、この賊軍出身者たちが山縣有朋《やまがたありとも》没後、長州閥が力を失った陸軍に雪崩込んで、わずか15年間で薩長藩閥の大日本帝国を瓦解させた。永田鉄山《ながたてつざん》も相沢《あいざわ》三郎《さぶろう》も東條英機も石原莞爾《いしはらかんじ》も板垣征四郎《いたがきせいしろう》も、みな明治レジーム下では不遇を味わった藩の出身者です。

大日本帝国の戦争指導部の人々の思考と行動には何か病的なものを僕は感じるのですけれども、それはクラウゼヴィッツ的な「戦争とは外交の延長である」と言い切れるような乾いた感覚が、明治以降の日本人には欠けていたからではないかと思うんです。戦争指導部そのものが怨恨や憎悪や嫉妬に駆動される、べたついた組織だったという固有の事情があったからあんな戦争になったのではないかと思います。

山崎　明治期に日本軍が行なった日清・日露戦争や、大正期の第一次世界大戦では、相手国との戦いにおける軍上層部の意思決定には、怨恨や憎悪などの歪んだ要素はあまりなかったように思います。その一方で、日清戦争の最中に朝鮮半島で行なわれた農民（東学党《とうがくとう》）虐殺が象徴するように、自分たちにとって邪魔な存在だと見なした相手に対しては、驚くほど残虐な態度をとっていました。

昭和期の戦争では、日本人以外のアジア人への蔑視を含めて感情的な要素がさらにエスカレートし、さまざまな形で軍部の意思決定を歪ませ、人命が著しく軽視される異様な戦争指導が敗戦まで繰り返されました。

１９４１年に日本軍が東南アジア侵攻の一環として米領フィリピンに上陸した時、現地軍の司令官だったアメリカ軍人のダグラス・マッカーサーは、首都マニラが戦場になって大勢の市民が死傷することを避けるため、マニラを「オープン・シティ（開城都市）」と宣言して部隊を退出させ、残った兵力をバターン半島に集中し、そこで数ヵ月にわたって防衛戦を展開しました。

この「開城都市」は、パリの「無防備都市」と同じものです。

その後、マッカーサー指揮下のアメリカ軍は1944年秋にフィリピンへの反攻を開始し、1945年初頭には米軍がマニラに迫りました。しかし、日本軍はマッカーサーとは異なり、多くの市民が居住するマニラを「開城都市」とせず、市街戦を選んでしまいます。その結果、10万人ものマニラ市民が、アメリカ軍の砲撃と日本軍による虐殺によって命を落とすことになりました。

じつは、フィリピン防衛戦を指揮した山下奉文《やましたともゆき》は、「開城都市」の宣言を検討したと言われています。しかし、陸軍と海軍の参謀たちは、アメリカ軍に対する敵意と憎悪、フィリピン人への不信感、そして人の命を軽んじる思考から、それに反対しました。さらに、数万人ものマニラ市民に「抗日ゲリラ」やその協力者との疑いをかけて、アメリカ軍との戦いを進める傍《かたわ》らで、組織的に殺害しました。

私はマニラ市街戦から75年目に当たる2020年2月にマニラを訪れましたが、市の中心部には「日本軍による虐殺の犠牲者を悼む記念碑」があります。また、マニラの国立美術館の「第二次世界大戦をテーマにした絵画」を展示する部屋には、日本軍の虐殺で殺されたフィリピン市民の遺体や、日本兵に虐待されている市民の痛ましい姿を描いたものがいくつもありました。

1945年3月にマニラの戦いが終了し、翌月の4月から沖縄の戦いが始まりましたが、日本軍はそこでも大勢の民間人を巻き込んで熾烈な防衛戦を展開しました。つまり、民間人の犠牲を避けようという発想はほとんどなく、一部の沖縄県民は「敵との内通」を疑われて日本兵に殺されました。

敗戦後、日本では「戦争はいけないことだ」という平和教育が行なわれてきました。もちろんそれは正しい。けれども、それだけでは不十分です。

かつての日本は、ただ戦争をしただけでなく、人の命を著しく粗末にする形でそれをした。第二次世界大戦中、組織的な体当たり自殺攻撃を繰り返し兵士に行なわせたのは、参戦国の中で日本ただ一国です。そして、民間人の死傷者を避ける努力もほとんどしなかった。大勢の市民を意図的に殺しました。

なぜそんなことができたのか。当時の日本国民は、なぜそんな軍部のやり方を支持したのか。そして、日本の敗北が明白な状況になっても、なぜ国民は「もう降伏して戦争をやめましょう」と言えなかったのか。

いったん日本が戦争の当事国になってしまったら、こうした検証もできなくなりますから、その前に議論する必要があります。これ以上続けても、人的な犠牲が拡大するばかりで勝ち目はなさそうだ、となった時、国民が政府に和平交渉を求める「道」は今の日本にあるのか。政府がそれを無視していつまでも戦争を続けた場合、国民が次にとるべき態度は何なのか。

そんなドライな議論を、平時のうちに始めておくべきだと思います。

米軍との一体化は自衛隊の下請け化

内田　一方で、「このままでは負ける」と主張して国防予算を引き出すのも軍隊の常套《じょうとう》手段ですからね。「今の手持ちの軍備で勝てます」と言っていたら予算がつかない。一方では「中国と戦っても勝てる」と言い、他方では「中国と戦ったら負ける」と言い、それによって「戦争のことは難しい話だから、専門家に任せておけ」と国内的なプレゼンスを高めようとしている。

そもそも仮に台湾に中国の軍事侵攻があっても、米軍は関与すべきではないという世論がアメリカ国内に存在するということを日本のメディアは報じませんね。尖閣《せんかく》諸島の領土問題くらいのことで、米軍が出動して、米中戦争を始めるはずがないんです。議会も世論も米中戦争なんかまったく望んでいない。だから、仮に日中の間で小規模な軍事的な衝突があったとしても、アメリカは「火消し」のためには多少は動いてくれるでしょうけれども、日本と一緒に戦ってくれることは期待しないほうがいい。日米安全保障条約があるからといって、無人の岩礁の帰属をかけて、アメリカ兵士の命を犠牲にするはずがない。今南西諸島で米軍と自衛隊が一体化を進めているのは、あれは中国に対する「ブラフ」です。西太平洋で妙なことをすると、中国は失うものが多いぞという脅しをかけているに過ぎない。

山崎　日米安保条約があるから、中国や北朝鮮が日本を攻撃すればアメリカが日本を全面的に助けてくれるはずだ、というのは、危険な思い込みです。

同条約の第5条には「自国の憲法上の規定及び手続に従って共通の危険に対処する」との文言がありますが、アメリカの憲法で宣戦布告の権限を与えられているのは連邦議会であり、議会での賛成多数による可決というプロセスを経ないとアメリカ軍は介入できないというハードルがあります。

内田　米国市民が大量に殺傷される事態にならない限り、連邦議会が米中戦争の宣戦布告に同意するとは考えられません。今の米軍の自衛隊との「一体化」というのは実質は米軍の仕事を自衛隊に「下請け」させるためのプロセスだと僕は思っています。海兵隊の仕事を自衛隊に教え込んでおいて、いざという時には「あとは任せた」と在日米軍はグアムまで撤退する。そうすれば米国人が人民解放軍に殺されるという事態は回避できる。米軍人が死ななければ、アメリカには参戦する義理がない。

ですから、アメリカが偶発的な米中戦争を回避しようと本気で思っているなら、在日米軍基地の撤収が合理的な解なんです。

在外米軍基地の撤収と安全保障条約の廃止を主張している議員は、米国内では共和党にも民主党にもいます。

韓国とアメリカは相互防衛条約を締結していますけれども、戦時作戦統制権を在韓米軍と韓国軍のどちらが持つか、ずっと交渉が続いています。韓国内には、戦時作戦統制権を他国軍に委ねているということは主権国家としてはあり得ないという愛国主義的な立場と、戦時作戦統制権を在韓米軍が手放してしまうと北朝鮮に対する抑止力が低下して、軍事侵攻のリスクが高まるという実利優先の立場と両方があって、国内世論はまとまっていません。

アメリカにしても、朝鮮半島を軍事的にコントロールしたいという思う一方で、戦時作戦統制権を持っていると北が侵攻してきた時にいきなり戦争に巻き込まれることになる。どちらのほうがアメリカの国益に資するのか判断しかねている。

アメリカの西太平洋戦略というのはそういうふうに揺らいでいる。何が正解かわからない。でも、そのことを素直に吐露している。*Foreign Affairs Report* の最近の号には「日韓に核武装させたらどうか」という論文が出ていました。日本と韓国が核兵器を持てば、東アジアではいつどこで核戦争が始まるかわからないというカオス状態になる。中国は東アジアのカオス化を望んでいないから、「日韓に核武装させるぞ」とブラフをかけたら、いやいやアメリカに対する外交的譲歩に応じる可能性がある。そういう趣旨の論文でした。「日本に核武装させるぞ」というのはもちろんただのリップサービスで、アメリカにはそんな気はありません。でも、日韓核武装をちらつかせることは「外交カード」としては使える気がする。そういうアメリカの利己心が正直に語られている論文でした。

わかるのは、アメリカの対中国戦略は揺れているということです。ただ、イラク、アフガニスタンでの失敗によって、海外の紛争地に深くコミットすることはアメリカの国益を損なう可能性が高いということは経験則として学んでいる。だから、日中の軍事的衝突があっても、その紛争にコミットすべきか、しないほうがいいのか、アメリカはなかなか意思統一できないだろうと思います。そのあたりのアメリカの「腰の定まらなさ」を日本はもっと考慮しておくべきだと僕は思いますが、山崎さんはどうお考えですか。

山崎　アメリカが中国との全面的な戦争を望んでいないというのは事実だと思います。その一方で、アメリカ軍は中国の軍事力がどれほどの実力なのかを、何らかの形で知る機会を欲しているとも考えています。

中国の習近平《しゅうきんぺい》主席や人民解放軍の上層部も、現状では自軍の実力を正確には把握できていないはずです。なぜなら、中国軍が大国の軍隊を相手とする本格的な戦争を行なったのは、アメリカ軍と戦った朝鮮戦争が最後だからです。この時、中国軍は北朝鮮軍を助ける「義勇兵」という名目で軍事介入し、国として正式に参戦したわけではありませんが、1953年7月27日に板門店《パンムンジョム》で調印された朝鮮戦争の休戦協定には、中国軍の司令官である彭徳懐《ほうとくかい》の署名が入っています。

それ以降、中国軍はソ連やインドとの小規模な国境紛争や、ベトナムとの限定的な局地戦争を行なっただけで、後者は1979年、今から46年も前です。

つまり、中国軍はさまざまなハイテク兵器を装備している一方、長らく実戦を経験していない組織であり、その戦争遂行能力は未知数です。それを考えれば、習近平が台湾侵攻という大規模な戦争をぶっつけ本番で始めるとは考えにくい。短期決戦に失敗して泥沼化するリスクが大きすぎるからです。

内田 それは自衛隊も同じです。いくら机上ではあれこれ言えても、自衛隊は実戦経験がない。だから、実戦経験を積ませて、本当の戦闘力を確かめたいと考えている人間が、日本政府と自衛隊の内部にはたぶんいると思います。

それに、実際に対中国の戦闘が行なわれた場合に、それを名分として憲法改正に持ってゆくことができる。今の自衛隊法と戦時国際法だけではカバーできない事例が現場で多発した場合、それをきっかけに軍法の制定を求める声が高まり、そのためには憲法に自衛隊は軍隊であると明記する必要があるという話になる。そうして、基本的人権を大幅に制約する大日本帝国憲法の焼き直しみたいな憲法草案がいきなり出てくる可能性があります。利敵行為を防ぐためと称して、治安維持法に類する法律を作ろうとする動きも出てくるでしょう。僕が一番懸念しているのは、そこです。

日本の財界人は内心で戦争を待ち望んでいる？

山崎 もし局地的な米中紛争が東シナ海や南シナ海で発生し、日本政府が「国の存立危機事態だ」と宣言して自衛隊を派遣すれば、テレビと新聞は朝から晩まで政府目線の報道一色になるでしょう。政府与党の自民党の広報活動を請け負う広告代理店の電通なども、戦時ムードを盛り上げるプロパガンダ的な世論形成を、業務として行なう可能性があります。

それに加えて、私は第二次安倍政権と岸田政権が段階的にエスカレートさせた日本の軍備増強政策に、財界と一部メディア企業が同調していることを懸念しています。財界つまり三菱重工業をはじめとする軍需分野の事業も手掛ける大企業は、自民党に巨額の政治献金を行なってきましたが、軍備増強政策で外国を攻撃可能なミサイルなどの兵器を新たに保有することが決まり、兵器産業は献金の見返りのような形で大規模な装備品の発注を受け始めています。

また、岸田内閣の軍備増強を後押しする有識者会議には、三菱重工業の社長に加えて、日経新聞の顧問や讀賣新聞の社長が顔を並べています。会議の議事録を見ると、両者とも日本の軍備増強に賛成する立場で、防衛費の増額を国民全体で負担すべき、つまり増税という提言までしています。

政府は、軍備増強は国を守るために必要なことで、それによって国の安全は高まると説明します。しかし、満洲事変以降の歴史を振り返れば、この単純な説明が間違いであることは明白です。

１９３０年代以降の日本は、「非常時」や「準戦時」などの言葉で国民の不安を煽ってタガが外れたように軍備を増強し、１９４０年には対米牽制の意図で強国ドイツと軍事同盟を結びました。しかし、そんな路線は結果として、アメリカやイギリスとの全面戦争を引き寄せる効果をもたらしました。

三菱重工業は日中戦争の勃発後、零式《れいしき》艦上戦闘機や戦艦武蔵《むさし》、九七式《きゅうなな》中戦車など日本軍の主要装備を生産し、受注額は１９４４年までうなぎ登りに増え続けました。兵器メーカーなどの大企業にとって、戦争の激化と日本軍の占領地拡大は、願ってもない巨大なビジネスチャンスだったのです。

今も昔も、自らが戦場に行かされる心配のない財界人にとっての戦争とは、金儲けの舞台であり、人命の損失は関心外なのでしょう。

そして世襲議員が多い自民党の政治家も、財界人と同じような認識で、戦争のリスクを軽んじているようです。昭和の日本軍が典型的ですが、日本の組織はこれまで何度も、一度始めたプロジェクトで失敗が明らかになっても、途中で止めるという決断を下せず、結論を先送りにしてズルズルと長引かせたあと、大きな損失を弱い立場の国民にかぶせるということを繰り返してきました。

では、一般の日本国民はどうかと言えば、現実に日本が戦争の当事国になった時の状況を想像する力がまだまだ弱いように思います。

ある日、局地的な米中紛争が始まって自衛隊が参戦したらどうなるか。その瞬間から、物価はすさまじい勢いで高騰するでしょう。スーパーから米や野菜、加工食品、日用品がなくなり、ガソリンの値段も跳ね上がる。日本全国でさらなる物価高騰と物不足が起き、我々の生活環境が大きく揺らぎます。

「戦争が起きても、それは沖縄とか南西諸島とか、遠い場所の話でしょ?」と甘く見ている人が多いかもしれませんが、テレビや新聞、ネットで日米中の戦いの実況中継を観客のように傍観して、戦況に一喜一憂するような、他人ごとの話ではないのです。有事になれば、在日米軍基地や自衛隊基地の周辺はもとより、空港や港湾、鉄道、そして原子力発電所が攻撃を受ける可能性があります。原発への攻撃は、ロシア軍のウクライナ侵攻で実際に起きたことです。

そして、自民党政府はこの非常時を権力基盤の強化に利用し、憲法や各種の法令の内容を慌ただしく書き換えるでしょう。今の野党第一党がそれに抗うかと言えば、私はまったく期待していません。主要野党は昔の大政翼賛会《たいせいよくさんかい》のような形で足並みを揃え、日本の戦時体制はあっという間にできあがる。

その後、日本国内がミサイルの標的になって大勢の死傷者が出ても、政府はアメリカが停戦を決めるまで、単独で相手国との和平を結べない状況になります。紛争がどのレベルまで拡大するかは状況次第ですが、国民が本気で抵抗する覚悟を持たなければ、前回と同様、ただ我慢と犠牲を強いられ続けます。

アメリカ軍は「相手国の軍隊に大きな損害を与えて、自軍の損害が一定レベル以下なら勝利」という認識で、日本国民の犠牲は関心外です。つまり、最悪の場合、アメリカ軍は勝利したが、日本国内のあちこちで大勢の人が死に、経済が破壊されて日本は実質的に敗北、という展開も起こり得るのです。

内田　僕はその敗戦後に日本がどうなるかを想像するとさらに不安になるんです。負けたことを深く反省して、まともな民主主義国家になって再生しようとするということは期待できない。それよりもアメリカに見捨てられて、中国に負けて、国際的に孤立した日本が「捲土重来《けんどちょうらい》・臥薪嘗胆《がしんしょうたん》」を誓って、先軍主義に走るリスクが高いと僕は思っています。負けたのは戦争の準備が足りなかったからだ。9条があったせいだ。基本的人権や国民主権を認めたせいだと言い出すやつらが幅を利かせるようになって、軍備増強を最優先する先軍主義に国民の過半も感情的には流される。そうやって「中国に報復する。アメリカを見返す」というハリネズミのように周辺国を敵視する国ができる。「小金《こがね》のある北朝鮮」みたいな国です。たぶん敗戦国日本に国際社会は誰も同情してくれないでしょう。「アメリカを信じて、さんざん収奪されたあげくに、夜郎自大にも中国に挑んで蹂躙《じゅうりん》された愚かな敗戦国」という、ぱっとしないポジションしか与えられない。

でも、アメリカの属国から中国の属領になるだけで、属国であることに変わりはないというクールな見方もできます。歴史を振り返れば魏の皇帝が卑弥呼《ひみこ》に「親魏倭王《しんぎわおう》」の金印を授けた時代から、足利《あしかが》将軍が「日本国王」に任ぜられ、徳川《とくがわ》将軍が「日本大君《にほんたいくん》」に任ぜられた時代まで、日本は近代までのほとんどの期間、形式的には中国の属国だった。

華夷《かい》秩序の発想によれば、宇宙の中心には中華皇帝がいる。そこから「王化の光」が広がり、「王化の光」に浴した土地は「王土」になる。光が届かない辺境には文明の恩沢に浴さない禽獣《きんじゅう》に類する蛮人が暮らしている。そういう同心円的な宇宙観です。でも、辺境の蛮人たちでも中華皇帝に朝貢して忠誠を誓う限りは高度の自治を許す。「一国二制度」というのは四千年前からの中国の辺境支配の基本なんです。だから、たぶん中華皇帝たる中国共産党総書記は日本の総理大臣に「日本国王」の印綬《いんじゅ》を下賜《かし》して、日本列島に高度の自治を許す。そういう「昔ながらのやり方」に戻るんじゃないでしょうか。

山崎 より強い相手におとなしく従う、という処世術が当たり前の現代日本では、対外関係においても、より強い国に従うというだけで、従う相手国がどこでも構わない。そんな風に考える日本人は、意外と多いかもしれません。

もしも日本が中国の属国になったら

内田 考えてみたら、日本は卑弥呼の時代から現代まで、ずっと「どこかの属国」であり続けてきたわけです。時代によって程度の差は違いますけれど、アメリカの属国になるまでは久しく中国の属国だった。だって、「日本」という国名だって、「中国から見て東」という意味ですからね。越《えつ》の南にあるからベトナムが「越南《えつなん》」と呼ばれたのと同じ命名法です。国名が漢字二字というのは辺境の徴《しるし》なんです。王土だったら、漢《かん》とか唐《とう》とか明《みん》とか清《しん》とか漢字一字。辺境は日本とか百済《くだら》とか新羅《しらぎ》とか高麗《こうらい》とか渤海《ぼっかい》とか鮮卑《せんび》とか匈奴《きょうど》とか漢字二字。邪馬台国《やまたいこく》なんか漢字四字ですから、よほどの辺境だと思われたんでしょうね。だから、江戸時代の国粋主義者の中には「まず『日本』という屈辱的な国名を棄てるところからしか始まらない」と言った人だっていたわけです。

中国の属国になったら、これまで対米従属一辺倒でやってきた人たちは軒並み看板を付け替えて対中従属派に転向すると僕は思います。だって、彼らは強国におもねって、属国の代官身分を与えられて、それでこれまでさんざん「いい思い」をしてきたという成功体験が身に染み付いていますからね。相手は誰だっていいんです。

問題は、中国が日本をどういうステイタスの属国とするか、ですね。たぶんもう「日中戦争が終わった後の日本をどう統治するか」についてのシミュレーションは中国政府内部では始まっていると思います。直近の成功体験は香港《ホンコン》の支配ですから、常識的に考えれば「香港レジーム」を繰り返すと思います。つまり、「親中派」に統治の全権を与えて、少しでも「日本独立」的な考えを持つ者はまとめて排除する。

ただ、日本を支配することになるとすると、その前に台湾の武力侵攻は終わっているわけですから、この台湾支配のかたち次第で、日本に対するアプローチは変わる可能性があります。台湾は東アジアで最も民主化が進んだ国で、自力で民主化を達成した2300万人の国民がいます。仮に軍事的に侵攻を果たしたとしても、そのあと抵抗する市民を押さえつけるためには、おそらく数十万規模の軍隊と行政官を配備しなければならない。これは中国にとってはかなり重いコストです。あまりに厳しく反中派を弾圧すると、命がけの地下抵抗活動が始まる可能性があり、これはさらに統治コストがかさむ。香港のような都市国家の場合は、地下抵抗活動の拠点を物理的に構築できませんが、台湾は山が深いからゲリラ戦を展開することはできる。それを考えると、台湾にはある程度の独立性を保証したほうがむしろ安定的に統治できると判断するかもしれない。その辺のことはまだわかりません。

ですから、香港であれ、台湾であれ、日本であれ、それぞれの民主化度を中国がどう評価するかが統治形態の分かれ目になると思います。日本の民主主義は手強《てごわ》いという評価があれば、強権的な支配は避けるでしょうし、日本は親中派がすり寄ってきて、自分たちの手で「ほいほい」と中国のための非民主的な統治システムを作ると思ったら「香港化」するでしょう。僕はそれが一番いやです。でも、中国はすでにいくつかのシナリオを考えていると思います。

山崎　中国は香港で、イギリス統治時代型の民主主義を支持する政治勢力や、民主化を叫ぶ若者などの、北京《ペキン》政府の支配に反発する市民を力で弾圧して潰す一方、金持ちには経済的利益を与えて取り込むことに成功しました。

香港の富裕層は、内心ではイギリス統治時代のほうが自由で良かったと思いつつも、北京政府に逆らえば財産を失うとの恐怖から、口を閉じて恭順する道を選んだようです。昔は香港のほうが中国より対外貿易が盛んでしたが、中国本土が経済的に発展した結果、本土の経済に繋がったほうがビジネス面で有利な状況になったことも、香港の企業経営者が恭順を選んだ理由でした。

一方、そんな特権を持たない若者たちは、自由と民主主義が目の前で奪われる状況に危機感を覚えて、路上デモで圧政に抵抗しましたが、香港の行政当局と警察は、北京政府の手先となって若者を実力で弾圧する姿勢をとりました。私は何度も香港に旅行したことがあり、中国文化と西洋型の自由が入り交じる魅力的な場所だと感じていましたが、香港の警官が民主化を求める若者に無慈悲に暴力を振るう光景をニュース番組で見て、本当に心が痛みました。

内田　鄧小平《とうしょうへい》の時代には、新疆《しんきょう》ウイグルでも高度の自治を認めて、民族文化を保護する政策を採りましたから、そういう選択肢もなくはないと思います。勢力圏を完全に漢民族の支配下に置くか、ある程度の自治を認めるか、どちらが統治コストが安く上がるか、どちらが国際社会からの批判が少ないか、そういういくつかのファクターについて計量的に考えた上で結論を出すと思います。

山崎　ただ、意外なことに中華人民共和国は、1949年の建国宣言以降の歴史を振り返っても、領土拡張目的の対外侵略戦争は行なっていないんです。

チベットや新疆ウイグルは、共にかつて清国の属領で、近代国家として独立した実績がありません。台湾の支配にあれほど執着しているのも、清の時代に領土だったからです。それ以外の隣国では、ベトナムにもモンゴルにも侵攻していない。文化も民族も異なるため、統治コストが著しく高くなるからです。

南シナ海では、フィリピンやベトナムとの間で島の領有権をめぐる紛争を引き起こしていますが、これらは無人島がほとんどです。

日本の一部には、明日にでも中国軍が日本に攻めてくるかのような話で不安を煽る人がいますが、ほとんど妄想レベルと言って構わないと思います。日本は歴史上一度も中国の領域であったことはないし、民族も文化も違う。人口は多い半面、天然資源はほとんど産出されない。その上、周囲を広い海に囲まれていて、大兵力を上陸侵攻させるハードルはとてつもなく高い。

要するに、外国が軍事侵攻で「攻め込む魅力」が著しく低い国なのです。

戦争は陣取りゲームではなく、歴史や民族などを根拠にした大義名分や、侵攻作戦の軍事コスト、占領に成功した後の統治コストなど、さまざまな現実的計算に基づいて行なわれるもので、中国政府が日本への軍事侵攻をマイナスよりプラスが大きい選択肢だと考える理由は、今のところ見当たりません。

中国は古来西へ向かう国だった

内田　中国が台湾以東に進出するかどうか、これはよくわからない。漢民族には東海に進出した歴史的経験がないからです。

東海についての中国の史書での主だった記述の最初のものは、秦《しん》の始皇帝《しこうてい》が不老長寿の霊薬を探すために、方士《ほうし》の徐福《じょふく》と3000人の童男童女と工人を乗せた船を東海に船出させたけれど、それきり音信不通になったというものです。霊薬を求めて「ミステリーゾーン」に船を出したけれど、それきり消えてしまったという話が東海についての最初のエピソードです。

その後の印象深いエピソードは663年の白村江《はくすきのえ》の戦いのあとのことです。この戦いで日本の海軍は唐と新羅の連合軍に大敗を喫して、日本列島に逃げ帰ってきました。当然このあと唐が日本に攻めて来るだろうと日本人は考えた。防人《さきもり》の制を調《ととの》え、北九州に水城《みずき》を築き、都を沿岸の難波京《なにわきょう》から近江《おうみ》に遷《うつ》したのも、天武《てんむ》天皇の時代に中央集権的な律令国家への制度改革が行なわれたのも、どれも「唐の日本侵攻」に備えてのことでした。でも、待てど暮らせど唐は攻めてこない。そのうち捕虜が帰還してくる。天智《てんじ》天皇は669年に中断していた遣唐使を派遣しましたが、これは唐が戦争する気かどうかを確かめるためでした。そのうち、「唐が攻めて来る」ということは誰も話題にしなくなった。

なぜ唐は日本列島に侵攻しなかったのか。理由は不明です。「起きたこと」について歴史家はその理由を説明してくれますけれど、「起きなかったこと」については「なぜ起きてもいいことが起きなかったのか」は説明してくれません。でも、僕は気になる。なぜ唐は日本に侵攻しなかったのか。この時点で東アジアで唐に服属していなかったのは日本だけだったんですから、アジアに国威を示すためには日本列島侵攻は唐にとって合理的な解だったはずなのに、それを採らなかった。理由は不明。

もうひとつ僕が気になるのは、明代に行なわれた鄭和《ていわ》の大艦隊がついに一度も日本列島を訪れていないことです。鄭和が永楽帝《えいらくてい》に命じられて1405年に編成した最初の船団は、全長100メートルを超える大船62隻、乗員総数2万8000人という巨大なものでした。それが泉州《せんしゅう》を出て南下してフィリピン、インドシナを歴訪して、マラッカ海峡を抜けて、インド洋を渡って、東アフリカまで行った。そういう大航海を鄭和は7回にわたって行なったのですが、ついに一度も日本列島に来なかった。出港した上海から九州までなら、大艦隊でもわずか数日の旅程です。そもそも航海の目的は明の国威をアジアに誇示することでした。だったら、日本列島に来たっていい。でも、来なかった。理由は不明。

唯一元寇《げんこう》という例外がありますけれど、これを行なったのは漢民族ではなく、モンゴル族です。つまり、中国と日本は二千年以上にわたる交渉があり、日本人は古代から近代まで繰り返し朝鮮半島や中国大陸に侵攻しましたけれど、漢民族は東海に船を出すことをずっと忌避してきたということです。

逆に、漢民族には「西へ」という強い趨向性《すうこうせい》がある。これは紀元前からずっとそうです。張騫《ちょうけん》、霍去病《かくきょへい》、李陵《りりょう》、蘇武《そぶ》、衛青《えいせい》といった人たちの事績を僕たちは古典を通じて繰り返し読んできましたけれど、彼らはみな西へ向かって軍事行動をした人たちです。玄奘三蔵《げんじょうさんぞう》と孫悟空《そんごくう》もそうです。「西へ向かう人たちの物語」は存在するけれど、「東へ向かう人たちの物語」は存在しない。

鑑真和上《がんじんわじょう》の日本渡航という歴史的事実がありますけれど、このエピソードの際立った特徴は「なかなか日本列島にたどりつけない」という点です。鑑真の渡航は最初は同行者に妨害され、役人に禁止され、ようやく船出しても難破する。鑑真は漂流先の南方で疲労のあまり両眼失明する。5回の失敗のあと、6回目でようやく沖縄にたどり着きます。徐福の場合と同じように、鑑真にとっても東海はある種の「魔境」なのでした。

他にも例を探せばいくらでもあると思いますけれど、漢民族のコスモロジーの中で「東海」は決して冒険旅行の魅力的な目的地ではないということは言えると思います。そして、地政学というのはたぶんにそういう「コスモロジカルな物語」によって織り上げられている。

台湾は漢民族にとっては「国土の一部」ですけれども、日本列島は中華帝国の辺境ではあったけれども、「王土の一部」であったことはありません。中国人はかつて日本列島に対して領土的野心を持ったことがない。そのことは中国の対日外交政策に無意識的なレベルでは伏流していると思います。

山崎　日本人が注意すべきは、中国が攻め込んでくる可能性を誇張する虚偽のプロパガンダよりも、中国の脅威を声高に叫ぶことで日本を軍備増強に向かわせようとする動きです。つまり政府の欺瞞を見抜く目を、我々は養っていくべきですね。

ディストピアについて語る意味

内田　読者の方は勘違いするかもしれませんが、僕がこういう「暗い未来」についてわざと詳しく話すのは、別に「こうなります」と予言して、みんなを暗い気持ちにさせるためではありません。そうではなくて、「このまま進んだら、こんな未来が待ち受けているかもしれませんよ」という警鐘を鳴らすことで、では、いつ、どこで軌道修正ができるか、どうすればそのような未来を避けることができるか、それを考えるきっかけにしたいと思っているからです。「ディストピアを詳細に語ることによって、ディストピアの到来を阻止する」というのは、未来をコントロールするひとつの方法なんです。

実際に1950年代から現在に至るまで、「ヒューマン・エラーで始まった核戦争で世界が滅びる」というディストピア物語は大量に生産されました。人類は滅びたり、文明が終わって野生に戻ったり、未来はいろいろですが、とにかく「核戦争で世界が滅びる」話を大量に生産し消費してきたという事実と、戦後80年まだ核戦争は起きていないという事実の間には、相関関係があると思います。

英米の作家たちは「絶対にこんな未来が来てほしくない」と思うと、そのディストピアについて想像力を駆使して物語を書く傾向があります。オルダス・ハクスリーの『すばらしい新世界』、ジョージ・オーウェルの『1984』からフィリップ・K・ディックの『高い城の男』、フィリップ・ロスの『プロット・アゲンスト・アメリカ』に至るまで、全体主義的システムが人間を支配したり、第二次世界大戦でアメリカがドイツに負けたり、ルーズヴェルトが大統領選で負けたり……さまざまな「さいわい起きなかったこと」について、作家たちは詳細をきわめた物語を書いています。彼らはその作家的創造力を「こんな世界が到来しませんように」という祈願をこめて書いているのだと思います。そして、その願いは今のところ実現している。

僕たちがアメリカに見捨てられて、中国との戦争に負けて、「香港化」した日本について僕が想像しているのは、それがうっかりすると5年後、10年後に起こり得るかもしれない事態だからです。でも、そんな未来は絶対に到来してほしくない。だから、祈願をこめて想像力を働かせているのです。

山崎 自由や民主主義という社会的価値に強い執着がなければ、どの国の人であっても、長いものに巻かれてしまいがちです。実際、香港でも民主主義の存続より自分の資産増加のほうが望ましいと考える商売人や富裕層は、あっさりと北京政府の支配強化を受け入れてしまいました。

内田　そう考えると、日本は香港や台湾より「中国にとって統治しやすい国」になるかもしれません。自民党を「親中派」として取り込んでしまえば、あとは官界も財界もメディアも全部ぞろぞろついてくるんですから。中国共産党の入党申請の列に並びそうな顔がいくらでも浮かんできます。

山崎　自民党や維新よりも日本共産党のほうが、中国共産党の支配に全力で抵抗しそうですよね。仮に日本が中国の属国になったとして、一番危険視されて弾圧の標的になるのは、強者に恭順しない日本共産党かもしれません。

国内の言論の自由も、いつまで守られるかわかりません。中国の北京政府やそれに従う香港の行政当局に批判的な報道をしていた香港の民主派新聞「アップルデイリー」は、香港国家安全維持法という抑圧的な法が施行された結果、幹部が逮捕されて資産が凍結され、2021年には休刊に追い込まれました。言論の自由は、強権的な統治者によって簡単に奪い取られてしまいます。

内田　5年後にはこの本が発禁処分の扱いを受けていることだって、まったくの絵空事ではないんです。それくらい日本の民主主義は脆弱であり、政府には自国を守る実力がないということです。僕たちはそんな危うい国で暮らしている。そのことの自覚だけでも持っておく必要があります。

山崎　一方で、香港の富裕層と同様、「中国の属国になればビジネスチャンスが増える」と抵抗なく適応する人も大勢いそうですね。

内田　僕は中国による属国化に抵抗できる道があるとしたら、それは日韓同盟だろうと思います。両国の人口を足せば1億7500万人、GDPランキングもドイツを抜き返して世界3位に戻る。日韓の経済力と軍事力を足せば、中国が簡単に手出しできない程度の勢力圏ができるはずです。韓国は米韓相互防衛条約を廃棄し、日本は日米安保条約を廃棄して、在留米軍にはアジアから出ていってもらう。そしてアメリカ、中国と「等距離」外交関係を取り結ぶ。

日本と韓国は家族制度が似ていますから、エマニュエル・トッドの理論に従えば、理想とする国家制度も似ているはずです。日韓同盟というのは、天佑侠《てんゆうきょう》（日清戦争の際に朝鮮半島で活動した日本人の浪人集団）以来、日本人の琴線に触れる政治的アイディアなんですが、日本は日韓併合という歴史的失敗を犯していますから、韓国の側には日韓同盟構想に対する激しいアレルギーがあると思いますが、それでも、これから先、米中との等距離外交を展開するためには韓国と同盟するしかないと僕は思います。

山崎　政治的スタンスや基本的な価値観で言えば、韓国は東アジアで最も日本に近い国だと思います。ただ、軍事同盟となると過去の歴史の事情も絡んでくるため、結構ハードルが高い気がします。朝鮮戦争の休戦が破られて北朝鮮が韓国への侵攻を再開した時、日本は韓国を守るために派兵するのか、という、きわめて難しい問題にも直面します。

内田　最近は韓流ドラマを見て、韓国人の組織論とか家族観とか道徳観とかドラマを通じて理解が深まっていると思います。韓国を留学先に選ぶ若者も急増しています。一番大きな理由は韓国料理を食べ続けてもとくに不満が生じないということだと思います。済州島《チェジュ》で鯖の味噌煮と白いご飯とキムチの定食を食べている時に、「日本にいるみたい」と思いました。世界中を見渡しても、ここまで同質性が高い隣国はないと思います。

アメリカがグローバル・リーダーシップを放棄したあとの世界では、それぞれの国がそれぞれに同盟関係を手探りするしかない。日韓同盟が民主主義と平和主義を掲げて東アジアのリーダーシップを取るという未来が僕は一番理想的だと思います。でも、そんな未来像を語ってくれる人がどこにもいない。

山崎　従来型の軍事同盟とは異なる緩やかな形でなら、日韓が協調して地域問題に対処するというシナリオも、将来的にはあり得ると思います。

そこで問題となるのは、アメリカ政府と在日・在韓米軍の利害関係です。米軍としては、攻撃の展開拠点となりうる基地はやはり朝鮮半島と日本列島に維持しておきたい。米軍基地の存在は、周辺の敵対国への抑止力になりますし、いったん手放してしまうと再び取り戻すには大きなコストがかかる。

アメリカは、戦略的要衝であるパナマ運河の自由通行権とインド洋のディエゴ・ガルシア島の使用権を手放しませんし、イギリスも地中海の西の入り口に突き出たジブラルタルの領有権を保持しています。米英両国は、地球規模での軍事作戦を前提として戦略を構築しているので、碁石を置くように基地を要所に持っている。

沖縄に集中している在日米軍基地も、アメリカにとっては非常に使い勝手がいい場所です。維持コストを日本の納税者が負担してくれるし、地域住民による建設反対運動は、日本政府が冷酷な態度で潰してくれる。事故が起きても当事国の警察でなく米軍が管理下に置いて処理できる。危険性ゆえに米国内でも行なえない住宅地上空での低空飛行訓練なども、沖縄では日本政府が黙認する。こんな好条件の在外基地は、日本以外におそらくないでしょう。

そういった事情を考慮すると、私は大統領が誰になろうとも、アメリカが日本と韓国の米軍基地を放棄して撤退することはまずないだろうと思います。それによって得るものよりも、失うもののほうがはるかに大きいからです。

内田　たしかに在日米軍は日本国内の米軍基地を米軍が戦争で手に入れた「領土」だと思っているから手放したくないでしょうけれども、ホワイトハウスは違う考えだと思います。AI軍拡でもう巨大固定基地は軍略上必要がなくなってきている。在日米軍基地も、在韓米軍基地も、そこに米軍基地があるせいで東アジアが地政学的に安定するのか、基地がないほうが安定するのかはもうわからなくなっている。

アメリカ国務省の最優先事項は「中国と戦争しないこと」です。だから、偶発的にでも米中戦争が始まらないように手立てを尽くすはずです。その時、アメリカがシリアスな国民的分断に陥っていて、国民的な合意形成が困難になっている……ということは可能性としてあります。国民的合意抜きに戦争なんかできない。となると、「東アジアのことは東アジアで何とかしてくれ」と言って、グアム＝テニアンの線まで米軍が後退するという選択はあり得ると僕は思います。アメリカの国益だけを考えたら、そのほうが合理的ですから。

東アジアの戦争政治家も外交官も、「日米同盟基軸」とか言ってますけれど、こんなものアメリカは自己都合でいつでも廃棄しますよ。安保条約なんて、当事国の一方が通告すれば1年後には自動消滅する条約なんですから。そのリスクを勘定に入れて安全保障について考えたほうがいい。僕が言っているのは、そういうことなんです。

第6章

2024年の衝撃

トランプ再選は、平等よりも自由が選択された結果

内田　世界はこれからどうなるのか。いろいろな媒体から質問がありましたが、僕の回答は「世界はカオス化する」というものです。最大の要因はアメリカでドナルド・トランプが2期目の大統領に選ばれたことです。

トランプの再選については、「想定外」という反応と「想定内」という反応の両方がありました。僕はハリスになると予想していましたけれど、結果が出てみると「たしかにそういうこともあり得る」と思いました。

アメリカの分断を「前代未聞の」と受け取る人もいますけれど、ある意味でアメリカ合衆国は建国以来、統治原理においてはずっと分断し続けてきたからです。今回の分断も構造的にはこれまでと同一パターンの反復と見なすことができると思います。

アメリカは1776年の建国以来「自由と平等」という二つの統治原理に引き裂かれてきました。フランス革命の標語が「自由・平等・友愛」でしたから、僕たちは何となく自由と平等は並列するものだと考えてますが、よく考えると自由と平等は食い合わせが悪いのです。

個人がそれぞれ自由に活動すれば、能力のある人は権力・財貨・文化資本の獲得競争で

必ず優位に立ちます。ですから、格差が生じることは避けられません。自由な社会では、力のある人はさらに力を持ち、富裕な人はさらに富裕になる。これを補正しようとすれば、公権力が介入して、力のある人の力の行使を抑制し、富裕な人の財産の一部を取り上げて、これを公共のものとして弱い者、貧しい者に再分配するしかありません。平等の実現は必ず自由の制限を伴う。自由と平等は両立し難いというのは、そのことです。ですから、フランス革命の標語には「友愛（fraternité）」という第3の原理が付け加えられたのだと思います。社会的強者に対して、私権の行使を抑制し、私財の一部を供出することを納得させるためには、「われわれは同胞だから、相互扶助する義務がある」というもうひとつの統治原理を受容してもらうしかない。でも、アメリカでは自由と平等を宥和させる友愛は統治原理には採用されていません。自由主義と平等主義という二つの原理が非妥協的に向きあっている。それがアメリカの分断の思想的な起源だと僕は思っています。

独立宣言から合衆国憲法の制定まで11年間の空白がありますが、それは統治原理として自由に軸足を置くのか、平等に軸足を置くのかについての激しい議論があって、それが決着しなかったからです。

ふつう個人の自由を重んじる人たちは「リバタリアン（libertarian）」、共同体の安定を重んじる人たちは「コミュニタリアン(communitarian)」と呼ばれますけれど、憲法制定時点では、この二つの潮流は「州権派」と「連邦派」に分かれました。

独立戦争を戦った13州はそれぞれ政府を持ち、独自の憲法を持っていました。「州」という訳語のせいで、わかりにくくなりますけれども、「州」と訳されているstateの原義は「国」です。13の「国」が戦時中に同盟を結んだわけですけれども、この同盟は暫定的なものに過ぎませんでした。「州権派」の人たちはこれまで通り州が政治的実力を保持し、連邦政府はその合議体として形式的なものにとどまるべきだと考えていましたが、「連邦派」の人たちは、州政府ではなく連邦政府に政治的実力を集中させるべきだと考えました。

この時の「連邦派」の主張をまとめたのがハミルトン、マディソン、ジェイの『ザ・フェデラリスト・ペーパーズ』です。これを読むと、両派の対立の本質が「自由と平等」のどちらに軸足を置いて合衆国を設計すべきかという点にあったことがわかります。

連邦派は州政府に大きな独立性を付与した場合、英国やフランスやスペインのような外国勢力が介入してきて、州がそれぞれの国と同盟して、新大陸でヨーロッパ大国の「代理戦争」が始まるリスクがあることを懸念していました。それに州に高度の独立性を認めると、たとえば、ヴァージニア州に外国軍が侵攻してきた場合に、コネティカット州が「他国の戦争にうちはコミットしない」と言って援軍を出さないということも起こり得ます。州に高度の独立性を与えれば、合衆国は簡単に崩壊してしまう。連邦派はそう説きました。その対立の、いわば妥協の産物としてできたのが合衆国憲法です。

南北戦争の時に連邦を離脱した南部11州は、「各州には連邦に加盟する自由があり、脱盟する自由がある」という憲法理解でしたが、リンカーンは南部の脱盟を認めず、これを「合衆国内の内乱」と規定して戦いました。

この統治原理の理解の「ずれ」は南北戦争後もアメリカ社会にずっと伏流しています。今回のトランプの勝利は「リバタリアン」の勝利、つまり「公権力が個人的自由を制約することを拒否する人たち」の勝利と言ってよいと思います。リバタリアンは「生き方」ですから、イーロン・マスクのような大富豪と「ホワイト・トラッシュ」と呼ばれるような貧困層が自由主義というイデオロギーで同盟するということが起こり得ます。

大統領が連邦政府の職員を大量解雇して、「効率化」を図るということが予告されています。行政府の長が行政府を「骨抜き」にするという行為は一見不合理に見えますけれども、連邦政府が公権力をふるって市民的自由を制約することへの拒否というふうに捉えると筋が通ります。イーロン・マスクやマーク・ザッカーバーグやジェフ・ベゾスのようなテックジャイアントのトップがトランプを支持するのは、「勝者が総取りする」というリバタリアンのルールを彼らが好感しているからです。

これから先、トランプのアメリカはどうなるのか、僕にもわかりません。トランプはほとんど日替わりで思いつき的な政策を口にしますので、予測することは困難です。それでも当面はカオス化が進むと思います。でも、どこかで必ず「平等主義のバックラッシュ」があるだろうと思います。格差の拡大を止めて社会福祉の充実を目指す政治的立場が、トランプの政治にブレーキをかけることがいずれ起きる。それがアメリカの復元力ですから。でも、それがいつになるのかは見当がつきませんが。

真の敗者はハリスではなくバイデン

山崎　アメリカ合衆国が建国以来、紆余《うよ》曲折《きよくせつ》がありながらも相反する理念を守ってきたとのご指摘に私も賛同します。その上で、アメリカの現状は混迷の最中にあり、トランプ再選によってそれがさらに深まっていることは明らかです。

２００１年の９・11アメリカ同時多発テロの時、当時の大統領はブッシュJrでした。第41代大統領ジョージ・W・ブッシュの息子であった彼は、〝バカ息子〟〝アメリカ史上最低の大統領〟などと、その無能ぶりをさんざん叩かれてきました。しかし、トランプと並べると、当時のブッシュJrのほうがずっとマシに思えてくる。少なくとも彼は歴史の重みに対する畏敬の念は持っていたし、歴代の大統領の系譜の範疇《はんちゅう》にはギリギリ入っていたように感じられます。

ところがトランプとその取り巻きたちには、歴史への畏敬の念のようなものは一切ない。自分たちの私益のために、持っている権力をフル活用することを恥だと思っていない。トランプの登場によって、ある種の歴史の断絶が起きたことは間違いありませんし、トランプ第2期が始まったことで断絶はさらに進むでしょう。ただ、あれほどの大国がそう簡単に衰退していくとは思えません。さまざまな外部要因との絡み合いによって衰退するのか、それとも逆に発展するのかは成り行き次第だというのが今の見方ですが、私たちが知るアメリカとは異なる系譜の国になっていくことは確かだとも思っています。

ところで、今回のアメリカ大統領選の勝敗に関して私見を言えば、負けたのはカマラ・ハリスではなく、ジョー・バイデン前大統領だったと考えています。

選挙集会中にトランプが銃撃される暗殺未遂事件が起きたのが7月13日、その9日後にバイデンが大統領選からの撤退を表明し、バイデン政権の副大統領であったハリスを民主党の候補者に指名しましたが、すでにその時点でバイデンの支持率は低下していた。「バイデン政権時代よりもトランプ政権時代の時のほうが景気がよかった」というアメリカ国民の声も、報道では多く取り上げられていました。バイデン政権ではコロナ禍でのロックダウンなど不利な局面があったことも事実です。しかし、バイデンは自らの経済政策の誤りを決して認めようとしないまま再び大統領選に挑み、そして唐突にハリスにバトンを渡す形になってしまった。

この構図はハリスにとっては非常に不利に働きました。自分が副大統領であった手前、バイデン政権の経済政策について否定的なことが言えなくなってしまったからです。副大統領であるというそれまでの強みが、逆に大統領候補者としては足枷《あしかせ》に変わり、最後の最後まで足を引っ張られたのです。本来であれば、バイデンが「もう自分のやり方を正当化しなくていい。間違いを認め、否定して構わない」とハリスに伝え、彼女の発言を自由に解放すべきだったんです。けれどもバイデンはその選択をしなかった。

内田　おっしゃる通り、バイデンがもっと早い段階、大統領予備選の時点で身を引いていれば、だいぶ様子は変わったように思いますね。カマラ・ハリスの選挙運動期間は、わずか107日間です。ではトランプはというと、彼の場合は2010年代からずっと選挙運動期間が続いていたと言ってもいい。そう考えると107日間の選挙運動にしては、ハリスは健闘したと評価する人もいるでしょうね。

山崎　バイデンが判断を誤ったせいで、カマラ・ハリスという非常に才能のある人物を勝たせることができなかった。もちろんそれ以外にもさまざまな要因が絡み合っての結果ではありますが、自らの面子に執着したバイデンの「頑迷さ」という要素が、今回の結果をもたらした部分は非常に大きいように思います。

存在しない過去を目指して退行する世界

内田　思想史家の会田弘継《あいだひろつぐ》さんは、著書『それでもなぜ、トランプは支持されるのか』（東洋経済新報社）でトランプ現象の本質を「啓蒙主義以前の共同体や家族を単位とする世界へ戻ろうとする復古的意志」にあると考察しています。つまりトランプは保守主義ではなく、近代的な価値観すらも否定する「復古主義」だというのが会田さんの主張なのですが、これは非常にインパクトがありますよね。実際、アメリカだけではなく世界の多くの国で、近代以前への退行を掲げる政治運動が強くなっているのは一目瞭然です。

山崎　それは私も以前から同じことを感じていました。日本では「ネトウヨ」などと呼ばれる、大日本帝国時代に郷愁《きょうしゅう》を抱く人たちがまさにそうですよね。あの人たちが求める日本の伝統や保守の在り方は、ほとんどが明治時代に再定義・再構築されたものに過ぎないのですが、彼らはその事実を無視して、「日本は昔からずっと天皇中心の国だ」といった自分たちが信じたい権威主義のフィクションを掲げ、昭和の大日本帝国時代の国体思想に自分たちの理想を投影して陶酔している。

内田　選挙戦でトランプは「Make America Great Again（アメリカを再び偉大な国に）」というスローガンで有権者を惹《ひ》きつけたわけですけれども、「再び」というのはいったい「いつのアメリカ」のことなのか。アイゼンハワーの時代のことなのか、ケネディの時代のことなのか。それは判然としない。でも、じつはそんな「偉大な過去」なんて存在しないんです。MAGAが夢見ているのは「かつて一度も現実になったことのない過去」です。

「かつて一度も現実になったことのない過去」に向かって退行してゆくというのは、きわめて魅力的な政治的プランなんです。だって、もう努力しなくていいんですから。新しいものを生み出す必要もない。未来に目標を設定する必要もない。「本来の自分」に戻ればいい。

ハイデガーは『ドイツ大学の自己主張』で「われわれは自分が本質的・根源的には何者であるのかを先駆的には知っている。それゆえ、より完全により徹底的におのれ自身にならなければならない」と獅子吼《ししく》しましたが、MAGAの思想構造はそれと同一だと思います。「アメリカ人は自分が本質的・根源的に何者であるかを先駆的には知っている」。別に努力する必要はない。思い出せばいい。そして、「より完全により徹底的に」おのれ自身になればいい。

山崎　大日本帝国時代の国体思想も、言ってみれば「Make Japan Great Again」ですからね。その思考形態は、ある種のカルト宗教にも通じるものがあるし、今のアメリカもそうなのだろうと思います。

内田　この種の「Great Again」はよく見ると、世界中の強権的な政治指導者たちが全員使っているスローガンなんです。プーチンは偉大なるロシア帝国の再建を夢見ているし、習近平は偉大なる清帝国の版図《はんと》の復活を目指しているし、エルドアンは偉大なるオスマントルコ帝国を蘇生させようとしている。もう未来を志向するだけの政治的構想力を失った人たちが、「かつて一度も現実になったことのない過去」に向かって退行する。

山崎　今回のアメリカ大統領選では、今まで民主党支持者が多かったヒスパニックや黒人などのマイノリティ層に、トランプ支持者が増えたことが明らかになりました。移民やマイノリティ層への差別発言で目立ったトランプがなぜその層から支持されたのかと考えると、バイデン政権への不満だけでは説明がつかない。人権尊重といった近代の理念よりも、結局は自分たちに食糧を獲《と》ってきてくれる強い人間、狩猟社会の強者のような存在が求められているのが今の時代なのかもしれません。

内田　今回の米大統領選の報道で僕が一番ショックを受けたのは、あるヒスパニック系の市民が取材に対して「中南米からの移民のせいで自分たちは迷惑している。だから、自分はトランプに投票する」と述べていたことです。自分たちと同じ人種で、同じスペイン語を話し、同じように職を求めてアメリカにやってきた同胞を、自分たちの既得権益を脅かすものとして排除しようとする。

同胞意識よりも自己利益が大事だ、と。この人が個人的にそう思うことは止められません。でも、それを堂々と政治的意見として公言できるということに僕は衝撃を受けました。恥じらいとかためらいというものがない。これはもはやMAGAでも何でもない。「自分さえよければ、それでいい」主義です。アメリカがどういう国であるべきかなんてもう何も考えていない。ここにはもう「友愛」という政治的モメントがまったく働いていていません。隣人も、同胞もどうなってもいい、自分だけ生き残ればいいというのは、民主主義社会においては恥ずべき発言です。でも、そのような個人の意見を大手メディアが傾聴すべき意見であるかのように報道したことにも僕は衝撃を受けました。

シンプルで断定的な答えを欲しがる民衆

山崎　なぜ世界が一斉に退行へと向かっているのかと考えると、理由のひとつは情報が多すぎる時代になったためではないでしょうか。インターネットとＳＮＳの普及によって超情報化社会となった現代の情報量は、それぞれの人間が処理できる範囲をすでに超えています。すると、目の前にあふれる情報を処理しきれない人間は、シンプルな答えを求めるようになる。近代以降の複雑に込み入った背景や価値観のせめぎ合いはもう全部無視して、１本の串ですべてを貫けるようなシンプルな話、自分の代わりにバシッと断言し決断してくれる強い指導者が欲しくなる。そんな背景があるように思います。

内田　シンプルなストーリーほど訴求力が高いというのは真理でしょう。けれども世界一の多民族・多文化国家であるアメリカ合衆国の人々がそれを言い出したら、アメリカという国は今後いかなる歴史的使命を担《にな》い得るのでしょうか。

山崎　安倍晋三が好んで口にした「日本を、取り戻す。」というスローガンも、「Make Japan Great Again」とほぼ同じ意味ですよね。安倍晋三はそこで語られる「日本」とは何かを、あえて定義していません。だからこそ、それぞれが自分の中に持っている幻想の日本を思い描くことができた。その共同幻想が成り立ったおかげで、全員が同じゴールに向かっているわけではないのに、結束力だけは強まっていた、というのが２０１０年代の日本だったように思います。

あの手法を発案したのが安倍晋三本人だったのか、それとも指南役なのかはわかりませんが、人心掌握の手段としては今振り返っても非常に有効だったことは明らかです。

心地よい物語で国民を酔わせ、強い力で従わせる。一人ひとりが異なる幻想を見ながら、同じ指導者を担《かつ》いでいる。近年は多くの大国でこのような気持ち悪い構図ができている気がしますね。

ここから再びトランプの時代が始まるわけですが、ではトランプを支持した人たちの希望通りの現実が到来するかというと、私はとてもそうは思えません。絶望的とまでは言わなくとも、経済的な分断はさらに進んでいくと予測します。イーロン・マスクのような超富裕層だけが総取りする資本主義のシステムは、すでにほぼ確立されていますから。

トランプの野望は〝アメリカ国王〟

内田　トランプ政権は2期だけでは終わらない可能性があります。第二次世界大戦中に大統領だったフランクリン・ルーズヴェルトは1933年から1945年まで4期12年間大統領を務めました。それまでは初代大統領ジョージ・ワシントンが3期目の大統領選に出ないことを決めた前例に従って、慣例上2期までとなっておりましたけれど、憲法上の規定ではなかった。その後、1951年に憲法修正第22条で大統領は2期までと決まりましたが、この修正についてでは大統領経験者を始め反対意見を述べる人も多く、トランプが改憲して、2期以上大統領職にとどまることを合法化する可能性はあります。

プーチンは2000年にロシア連邦大統領に就任してからもう25年ロシアを支配しています。習近平も中国共産党中央委員会総書記の職に就いたのが2012年ですから、すでに13年になります。彼らと対抗するためには、アメリカの大統領も終身制の導入を検討すべきだという世論が盛り上がっても不思議ではありません。

トランプは選挙戦の間に「4年後にはもう大統領選をする必要がなくなる」と公言していました。トマス・ペインが『コモン・センス』で君主制を批判して独立戦争を理論的に基礎づけてから250年後に、独立戦争以前の君主制に戻そうとする力が働いている。

山崎　そう考えるとトランプが本当に手に入れたいのは、大統領ではなく、「アメリカ国王」という地位なのだろうと思います。法律を超越した、絶対王政のアメリカ国王の座に就きたい。もしも9・11のように国民が恐怖を感じるショッキングな出来事が起きてしまえば、過去の為政者がしてきたように一気に世論を動かすことは可能でしょう。少なくとも超法規的な強い権限で行動するリーダーとしてのトランプを良しとするアメリカ国民は、徐々に増えているわけですから。

内田　現時点でありうる「緊急事態」としては、台湾有事、北朝鮮のミサイルのアメリカ本土攻撃、NATO（北大西洋条約機構）とロシア軍の本格的な軍事衝突……といったところだと思います。

トランプ政権の要職者の顔ぶれを見ると、第1期と違って、全員が合衆国や憲法よりもトランプ個人に忠誠を誓った「トランピスト」です。職務に通じたテクノクラートではなく、かなり奇矯《ききよう》な政治的意見を持った人たちが選抜されている。国防長官に指名されたピート・ヘグゼスはフォックス・ニュースの司会者だった人物です。行政経験も軍功もない元州兵少佐を130万軍人と将軍たちの上司に置こうとした。厚生長官には反ワクチン陰謀論者で知られるロバート・ケネディ二世。司法長官に指名されたマット・ゲーツ下院議員は、性的人身売買や薬物使用の疑いで下院の倫理委員会での調査対象だった人物です。目につくのは、イーロン・マスクとヴィヴェック・ラマスワミという二人のビジネスマンを「政府効率化省」のトップに起用して、連邦政府の効率化と構造改革を推進すると発表したことです。「官僚機構を解体し、過剰な規制を廃し、無駄を削る」ことを目指して、連邦政府職員75パーセントを解雇すると公言しています。トランプは連邦政府が空洞化して、州政府にこれまでより多くの権限を委譲しようとしているのかもしれません。

山崎　第二次トランプ政権の閣僚人事に関しては、私から見ると他人の神経を逆なでしたくてたまらない高校生が、「自分がホワイトハウスを乗っ取ったら」と妄想したかのような顔ぶれにしか思えません。イーロン・マスクをはじめ、利益相反や倫理上の問題がそこかしこに存在しているからです。

ただ、州政府の権限が強大化する可能性に関しては注視すべきだと思っています。僕はこれまで仕事やプライベートで何度もアメリカを訪れていますが、アメリカ人にとっての州は、日本人にとっての都道府県とはちょっと感覚が違うなということは肌で感じました。各州に旗があり、それぞれ独立した行政機関を持ち、独自の法律までもある。地方へ行くほど、州への郷土愛も強い印象を受けます。

日米安保は同床異夢の条約

内田　自国第一を唱えるトランプが返り咲いたことによって、日本にはどのような困難が想定されると山崎さんは思いますか。

山崎　これまで以上に、さまざまな要求を突き付けてくるのは確かだと思います。関税の引き上げなどで脅しをかけつつ、利益を奪い取りに来る。彼は実業家として、そうしたやり方でしかビジネスをしてこなかった。安倍晋三はそれで手玉に取られた外交政策を行なって高額兵器を買わされたりしましたが、石破茂《いしばしげる》首相の場合はどうでしょうね。首相就任以来彼の発言にはまったく一貫性がなく、ひたすら受け身に徹しています。このままだと安倍と同様にしてやられ、日本国民の払った税金がアメリカへとさらに献上されていくリスクは大いにあります。

内田　僕もまったく同意見です。トランプは予備選中からNATOからの脱盟や、同盟国との安全保障条約の廃棄に言及してきました。「アメリカ・ファースト」である以上、同盟国に最大限の負担を求めて、アメリカの負担を軽減しようとするのは当然です。

日本人は「日米同盟基軸」は磐石《ばんじやく》だと信じているようですけれど、日米安保条約は締結国の一方が廃棄を通告すれば、1年後には自動消滅します。アメリカに「日米安保を廃棄する」と通告されたら、自前で安全保障戦略を考えたことのない日本の政治家や官僚はアメリカにとりすがって、「お願いだからいかないで」と懇願するしかありません。当然、アメリカは交換条件として莫大な経費負担、米国の兵器産業からの兵器の大量購入、在日米軍基地の「アメリカ領土化」など、日本から引き出せるだけのものを引き出すつもりでしょう。

山崎　1910年の日韓併合と同様、日米安保条約も同床異夢《どうしょういむ》の状態なのだと思います。アメリカ政府とアメリカ国民が考えている日米安保条約と、日本政府と日本国民が理解している日米安保条約はまったく様相が違うはずです。仮に尖閣諸島が攻撃されたとして、アメリカの若い兵士を危険に晒してまで本気で戦闘するかどうかは現時点で何とも言えない。アメリカの議会が承認決議を拒否すれば、空《から》約束で終わります。

1939年にドイツ軍がポーランドに侵攻した時も同様のことが起きています。当時、イギリスはポーランドと相互援助条約を結んでいて防衛義務を負っていたにもかかわらず、ポーランドに派兵しなかった。当時のイギリス政府は、対ドイツ戦における最終的な勝利を優先し、戦術的判断としてポーランドを見捨てる選択をしたのです。

ただ、日米安保条約は簡単に廃棄できる一方で、その結果として日本が攻め込まれて負けることは、やはりアメリカにとっても損なのです。極端な話、日本国民はどうなってもいいけれども、共同運営している米軍基地が機能不全になるのはアメリカとしても困る。地盤の硬い土地の飛行場があり、艦艇を修理したり補給できる港がある、太平洋西側のちょうどいい場所。それがアメリカ軍にとっての日本列島の価値です。ですから、トランプが口でいろいろ言っても、実際に在日米軍基地を手放すことはないでしょう。もしトランプが「要らない」と言い出しても、米軍が全力で阻止するはずです。

その上で気になるのは、現在の石破政権においては石破茂首相、中谷元《なかたにげん》防衛大臣、岩屋《いわや》毅《たけし》外務大臣の3人ともが防衛大臣経験者である点です。この三人は米軍のロジックを理解している。アメリカ政府と在日米軍の幹部はそう認識していますから、日米が合同で軍事行動を起こすのであれば、この「わかっている」三人が揃っている時期であれば都合がいい。そういう視点からも日米関係は注視すべきではないかと思っています。

衆院選の敗北は自民党にとっては「小さな成功」

内田　2024年は日本政治も大きく動いたターニングポイントの年でした。アメリカ大統領選の直前に日本を揺るがした衆議院選挙についても振り返っておきましょう。自民党および公明党の政府与党が過半数割れする結果となりましたが、山崎さんはこの結果をどう読み解いていますか。

山崎　私は先の衆院選で、自民党は非常に戦略的な選挙を行なったと考えています。その前段階として、9月には自民党総裁選が行なわれましたが、9人もの候補者が名乗りを上げ、高市早苗、石破茂、小泉進次郎《こいずみしんじろう》が競《せ》り合った。まるでフェスのような賑やかさで総裁選報道が飛び交った結果として、自民党は実質的なメディアジャックに成功しました。あのお祭り騒ぎが連日テレビやネットを席巻したことで、自民党は裏金問題のダメージを多少なりとも低減できたはずです。

その結果、石破茂が新たな首相となり、10月には衆院の解散総選挙が行なわれました。一部のメディアは「与党の大敗」と報じましたが、私はむしろ自民党は「小さな負け」に抑えることに成功したと見ています。確かに自民党と公明党の与党は過半数を割る結果となりましたが、立憲民主党が政権を奪う勝利とはならなかった。本来であれば議員の裏金問題と旧統一教会問題の2つだけで自民党は政権を失ってもおかしくないはずです。しかし、そうはならず、政治的な価値観が通じている国民民主党を味方につけることで、自民党は踏みとどまっていまだに政権を維持しています。船が沈むギリギリの手前でダメージコントロールに成功した。少数与党になったとはいえ、政権交代が起きなかった事実を考えると、自民党にとっての最大の危機は乗り切ったと言えると思います。

内田 自民党が退潮局面にあることは間違いないと思います。議員たちの知的、倫理的な劣化に対する怒りでかつての支持層が離れていっている。議員たちが同じ顔ぶれでいる限り、こののち党勢がV字回復することはまずありません。

石破茂が総裁になれば、党組織が一新されると期待した人たちもいたようですけれど、自民党の「膿《うみ》を出す」ということは結局ほとんどできなかった。要するに「膿を出しきったら」自民党がなくなるくらいに党全体が腐り切っていたということです。

統一教会問題が広く知られたせいで、統一教会の支援で選挙運動をしてきた議員たちは今後厳しい選挙戦になるでしょう。鈴木エイトさんのようなジャーナリストが、どの候補者の事務所に統一教会のメンバーが何人いるのか、目視で判定することができるわけですから、もう統一教会には頼れない。

国民民主党が選挙前の7議席から28議席に躍進しましたけれど、僕はいったいこの政党のどこが有権者を惹きつけたのか、よくわからないのです。とくに広々とした国家的ビジョンがあるわけではない。指南力のあるメッセージも伝わってこない。与野党の中間的なところにいて、「キャスティング・ボート」を最大限利用しようとして動くのでしょうけれども、そうやって「うまく立ち回っている」うちに、いったい何のためにこの政党を立ち上げたのか、その素志を忘れてしまうのではないかと思います。

2025年7月の参議院選での各党の獲得議席は、総選挙後の「中間査定」だと思います。有権者の期待に応えることができた党は党勢を保てるけれども、「期待外れ」と思われた党には先がない。その意味で自民党の退潮は止まらないと思います。

気になるのは共産党が議席を減らしたことです。「しんぶん赤旗」で自民党の非公認議員に2000万円が配られていたことをスクープして、選挙情勢を大きく変えたのは共産党の功績ですけれども、それが報われなかった。

これは公明党も同じですけれども、創価学会も共産党も党勢の衰退の原因はメンバーの高齢化なのです。若い人が入って来る組織にしないと、どちらも党勢の維持が困難になっている。

山崎　共産党は10議席から8議席に後退しました。国民民主党とは対照的に、共産党が主張する政策は、社会全体の枠組みを変えていこうという大きなものです。具体的には一部の支配層だけが富を独占するシステムを変えよう、というメッセージなのですが、明確ではあるけれども綺麗ごとと捉える有権者のほうが多かったのかもしれません。こうした状況は、トランプが支持されるアメリカと重なりますね。もう社会のシステムは不公平なままでもいいから、自分の状況が今よりちょっとでも金銭的にマシになればいい。そういう夢を見させてくれる政党として国民民主党が浮上した結果、共産党や社民党の票が流れていった。私はそう見ています。

それに自民党の議席が減少したとはいえ、トヨタ自動車や日立製作所、三菱重工業などの大企業は、引き続き自民党に政治献金を行なっています。政策を決める権限を持つ自民党は、依然として国政全般を支配する存在感があるからです。国民も企業も、自民党の支配という構造を批判的な眼で見ようとせず、「システムはもう変えられないのだから、そこに適応して自分の損得だけを考えて動けばいい」という打算的な思考に流れているのではないでしょうか。

悪意で選挙を弄ぶ人たち

内田　今あるシステムは腐っているし、ろくなものではない。けれども、これを補正するには労力がかかり過ぎる。それよりはシステムに空いている「穴」を利用して、自己利益を増大させるほうが生き方としては効率がよいし、スマートだ。そういうふうに考える人が増えています。

僕はこういう人たちのことを「ハッカー（hacker）」と呼んでいます。システムの欠陥を修正することには関心がなく、むしろその欠陥を活用して私利私欲を満たす人たちのことです。このタイプのハッカーたちをメディアは「インフルエンサー」として持ち上げる。だから、若い人たちは彼らをロールモデルにして、自分もシステムの欠陥を悪用する手立てを探そうとする。システムがろくでもないことから受益する人たちの数が増えれば増えるほど、システムは機能不全に陥る。当然のことですが、それが今日本で起きていることです。

2024年11月の兵庫県知事選が、まさに日本のシステムの劣化を象徴した事件でした。知事としての資質を問われて県議会から不信任を突きつけられて失職した斎藤元彦《さいとうもとひこ》知事が、ネット上のインフルエンサーたちを活用した選挙戦で復職を果たしましたが、さまざまな公選法違反の疑惑が持たれて刑事告発されています。斎藤陣営でこの選挙戦にかかわった人たちは公選法のルールに従って「まともな選挙」をすることには関心がなく、いかにして公選法の「穴」を探し出して、それを利用するかを考えた。ナイーブなことは言いたくないのですけれど、やはり公人には一般市民よりも高い倫理性を求めたい。それが「できない」という人はそもそも選挙に出るべきではありません。

山崎　ＮＨＫから国民を守る党の立花孝志《たちばなたかし》もその典型ですよね。彼が一貫してやっていることは選挙のハッキングです。２０２４年夏の都知事選ではポスター枠を「販売」し、２０２２年の参院選の政見放送ではノーチェックの原則を悪用して、候補者の動画宣伝のＱＲコードを画面に表示させ、再生回数で収入が発生するシステムのYouTubeに誘導。２０２４年の兵庫県知事選では、自ら候補者として出馬しながら自分は当選を目指さずに斎藤元彦を応援すると公言。さらに掲示板に怪文書を張り出したり、街頭演説やＳＮＳではパワハラで自殺に追い込まれた元県民局長に関する中傷を好き放題に語ったりすることで世論を操作し、斎藤元彦を再選に押し上げた。

　選挙制度に便乗したこれらの活動によって、彼が売名も含めて私的な利益を得たことは間違いないでしょう。彼は選挙制度の穴を最大限に悪用して遊んでいる。

内田　選挙に変な人が出てくること自体は、昔からずっと変わらないことなんですよ。これはもう民主主義のコストだと思ってあきらめるしかない。ただし、立花孝志の行動は公職選挙法から見てもさすがに限度を超えていますし、これ以上野放しにすべきではない。

12月には大阪・泉大津《いずみおおつ》市長選にも出馬していましたが、公職選挙法に抵触しかねない場面も多々ありました。百条委員会の委員長が立花孝志を名誉毀損で告訴していますが、余罪が加わることで懲役刑になる可能性もあるでしょう。

山崎　SNSが選挙戦に欠かせないツールになった今、デマの拡大再生産という弊害も起きています。立花孝志は対立候補を貶《おとし》めるためにデマを流しますが、ただデマを流すだけではさほど効果がない。相手が反論したら効果が消えてしまいますから。

そうさせないために、まず集団的なネット攻撃の陣形を作っておき、誰かがデマを流して相手が反論してきたら、ひたすらその反論に集団で言いがかりをつけて効果を打ち消す。これを繰り返すと反論はほぼ無効化されてしまいます。

兵庫県知事選でも、このやり方でデマを拡大再生産することで、正当な反論を数の力で覆い隠す光景が見受けられました。嘘やデマには事実を変える力はありませんが、圧倒的な数の力で事実を隠す力はある。兵庫県知事選のあとの名古屋市長選もそうでしたが、選挙戦においてはこの悪質なパターンが常態化してきたなと痛感しています。

マスコミを使った偽情報工作（ディスインフォメーション）は、ソ連のKGB（国家保安委員会）やアメリカのCIA（中央情報局）などの情報機関が昔からやってきた手法ですが、現代のテクノロジーを使えば素人でも低コストでそれができてしまう。メディア業界で働く人たちは、この現状に危機感を持っておくべきだと思います。

オールドメディアの存在意義

内田　東京都知事選、衆院選、兵庫県知事選、どれもネットメディアを通じて、ハッカーたちが暗躍したことが印象的でした。これを「オールド・メディア対ニュー・メディアの対立」図式で捉えて、オールド・メディアが社会的影響力を失ったという総括をした人が見られましたけれど、僕は違うと思います。どの選挙戦でも、オールド・メディアは立候補者たちの政策の適否や、公人として資質について、冷静に吟味するという仕事を放棄して、ただ「誰の支持率がどれくらい」という数値を報道するだけで、それが何を意味するかについての解釈や分析の仕事を放棄しました。

兵庫県知事選では、オールド・メディアが報道機関としての仕事を放棄した結果、巨大な政治的変化が起きてしまった。それは逆から言えば、オールド・メディアが世論形成にどれほど大きな影響力を持ち得るのかを証明したということです。オールド・メディアが「まともな仕事」をしていれば、日本の政治はここまで劣化していなかったということです。

山崎　今は情勢の分析という知的な行為すらも、メディア業界で働いている人間にとっては避けるべきリスクなのでしょう。それによって自身の信条や価値観が明らかになってしまうし、批判した陣営が勝てば何かしら報復を受けるかもしれない。安全に立ち回るためには、現状の報告に徹するしかないと考えるのだと思います。

本来なら投票日より前に行なうべき各局の選挙特番を見比べれば、そのことがよくわかります。どの局も公開情報のディテールをひたすら細かく報告することで競い合う、悪い意味で安全な競争になってしまっている。ただ、それは個々人の記者の問題というよりも、やはり組織の上層部の問題だと思います。いかに波風を立てず、衝突せず、社内で評価されるかが昇進の尺度になっているのだと感じますね。

内田　メディアの劣化のひとつの指標は、新聞記者やテレビのディレクターを主人公にしたテレビドラマが存在しないということです。僕の記憶している最後は、水谷豊《みずたにゆたか》さんが新聞記者を演じたシリーズで、主人公の役名を替えながら1983年から2005年まで放映されました。それから20年、新聞記者を主人公にしたドラマそのものが存在しない。単発では『新聞記者』という東京新聞望月衣塑子さん原作のドラマがありましたし、テレビについては2022年に『エルピス』という秀逸なドラマがありましたが、いずれもメディア業界の「ろくでもなさ」を前景化したものでした。

今のテレビドラマで描かれている職業は1位警察官、2位会社員、3位医療従事者、4位教師、5位探偵、6位弁護士、7位編集者、8位作家、9位料理人、10位銀行員です。ジャーナリストが入っていない。

僕が子どもの頃、NHKの『事件記者』という人気番組がありました。子どもたちも食らいつくように見ていました。ですから、その頃の小学生の「なりたい職業」は圧倒的に「新聞記者」でした。それだけその職業が活動的でかつ社会的に有意義なものに見えたからです。でも、今はもうジャーナリストという職業そのものがそのようなものとして受け止められていない。これはこの20年間日本のジャーナリストがやってきたことに対する国民的な「査定」だと言ってよいと思います。これについてメディア関係者はもっと痛みを感じてよい。

テレビドラマというのは、硬直した組織に、型破りで自由な発想をする主人公が入り込んで来て、さまざまな抵抗と戦って、組織を刷新するというのが定型ですけれども、そういう定型でドラマが作れる業界ともう作れない業界がある。「もうドラマが作れない業界」

というのは、組織が硬直し過ぎて、ひとりや二人の「型破り」の人物ががんばっても変化しようがない、惰性化した業界だと世間から評価されているということです。
警察官がドラマの主人公になり得るというのは、警察がまだ惰性化していないという国民の期待を示していると思います。それを考えると、同じように巨大な組織でありながら、自衛隊がテレビドラマにならないというのはかなり深刻なことだと思います。

山崎　自衛隊員が主人公のドラマは時々放送されますが、どれも自衛隊と防衛省が協力していますから、組織のシステムを揺るがすような本当に型破りな主人公は描かれていません。この事実も、今の時代の日本社会を覆う「不自由な空気」を可視化していると言えるでしょう。

第7章

思考停止に陥る前にできること

植民地教育に通じる日本の英語学習

内田 ここまでの議論を読まれてきた方は、日本の未来に悲観的になっているかもしれません。これから日本社会がどのように成熟していくべきかについて考えたいと思います。

山崎 足元の問題意識から考えると、まず20世紀型の旧い思考から脱することが、閉塞状況から脱出するための出発点になると思います。政治家や財界人などの議論を見ていると、技術面では21世紀のテクノロジーを使いつつも、物事の価値判断基準や世界観、現実認識はいまだに20世紀型のままだと感じます。

自民党政権を含む今の日本の支配層は、将来の歴史書で特筆されるような、普遍的な価値を持つ理念を何も提示できていません。一見すると明確な理念を持っていたかに思える安倍晋三も、目指したのは大日本帝国型の権威主義国への回帰であり、違うのは対米関係が敵対から従属に変化したくらいです。

日本には「自分たちが政治理念の面で東アジアの手本になれるように努力しよう」という志を持つ政治家が、全然見当たらない。たとえば、イスラエル軍がガザで行なっている市民の大量虐殺について、明確な理念に基づいて批判する姿勢を打ち出しているのは、英独仏以外のヨーロッパ各国やアフリカ、中南米の国々であり、日本政府はイスラエルを全面支援するアメリカ政府のうしろをコソコソとついていくような、みっともない姿しか示せていません。

核兵器禁止条約についても、世界で唯一実戦で核兵器を使われた国であるにもかかわらず、やはりアメリカ政府と米軍の顔色をうかがい、距離を置く態度です。東アジアを含む国際情勢について、自民党は安全保障面での同盟関係については雄弁に語りますが、人道や倫理など、21世紀に価値を重んじられる分野については、首相が自分の言葉で説得力を持って語ることはなく、公式声明でも官僚が書いた軽薄な美辞麗句をただ棒読みするだけに終わっています。

首相や大臣の政治家個人としての資質が低下し、国際情勢を正しく把握する能力や感度が衰えれば、ますますアメリカ政府の意向を忖度して従い、アメリカの国益に奉仕するような態度しかとれなくなります。これは、占領期にアメリカからもたらされた日本の民主主義にとって、明らかにマイナスです。

今の日本は、東西冷戦時代の「西側」周辺国にいくつも存在した「親米反共右派独裁国」のようになっています。南ベトナムのゴ・ディン・ジエム、インドネシアのスハルト、フィリピンのマルコスなど、アメリカの後ろ盾を得て国内の権力基盤を強化し、強権支配を進めた独裁者は、自国民からさまざまな自由や権利を奪って統制下に置く権威主義国家を作り上げました。

アメリカ政府も、表向きは「自由と民主主義の旗頭」を演じつつ、軍事同盟などで自国の国益にプラスになると判断すれば、国内で民衆弾圧を躊躇なく行なう冷酷で非民主的な独裁者とも、友好的な関係を築いていました。

内田 親米、反共、独裁。それこそまさに岸信介以来の自民党の夢でしょうね。

山崎 自民党やそれに歩調を合わせる「仮面野党」が、何かにつけて過剰に日本共産党を敵視し、貶めるアピールをするのも、20世紀型の思考から脱却できていない証拠だと思います。共産党を漠然と危険視して弾圧するという手法は、日本では大正時代から続く官憲の基本的なやり口であり、それは1945年の敗戦を経ても変わらず、戦後間もない頃の「レッドパージ」（占領軍と警察による政府機関と報道機関、教育界、産業界からの共産主義者の追放）へと引き継がれました。

内田 冷戦時代のスターリンのソ連に対する恐怖感がまだ残っているのでしょうね。

山崎 日本共産党は日本の国政において、議席数だけで見れば小さい影響力しか持たない小政党です。にもかかわらず、自民党や公明党だけでなく、維新、国民民主、立憲民主なども、いじめのように攻撃している。

政界だけでなく、国民側の認識もそうです。反共という前世紀の遺物のようなフレーズが、政敵を貶める有効な手段になっている。野党第一党ですら、地方選挙ではそうした「反共攻撃」で自民党と手を結んだりする。東西冷戦が終わって30年以上が過ぎた現在ですら、共産党をむやみに敵視する20世紀型の思考パターンで思考が止まったままの人が、日本には大勢います。

民族差別や憎悪（ヘイト）スピーチを繰り返す自民党の国会議員が、良識ある市民に批判されても辞職せずその地位に留まったり、政権に近い作家などが差別言動を繰り返すなど、自民党政権はかつての大日本帝国と同様、人権の尊重という意識が著しく欠けたままです。そうした態度を見ても、日本は21世紀の国際的なスタンダードにまったく追随できていないと感じます。

今はインターネットで諸外国の現状について簡単に知ることができるはずですが、日本社会の構造はずっと、20世紀型の思考で停滞しているようです。

内田　21世紀になってからもうすぐ25年が経とうとしているのに、歴史の進展にキャッチアップできないでいるというのは、つらい話ですね。僕はそれを日本の英語教育を見ていると感じます。

今は小学生から授業で英語を学ぶようになりましたが、なぜ英語を身につけるのかということの目標がなんだかずいぶん低い気がするんです。英語でオーラル・コミュニケーションができることが目標になっている。そして「英語を活かした職業に就く」ということを若い人たちが言う。でも、あくまで彼らが身につけようとしているのは「ビジネス英語」であって、ニューヨーク・タイムズの記事を読むとか、BBCニュースを聴き取るということは学習目標には掲げられていない。

日本の英語教育の目標は「ユニクロのシンガポール店の支店長」を育てることだと前に平田《ひらた》オリザさんが言っていて、本当にそうだなと納得した覚えがあるんですけれど、英語で商取引について会話ができるところが学習目標の上限に設定されている。もちろん、「ユニクロのシンガポール支店長」は有用な仕事です。でも、それに最適化した人材を「人形焼き」の鋳型《いがた》から叩き出すように何百万人も作る必要はない。

とくに英語教育がオーラル・コミュニケーションに偏って、読むことが後回しにされていることに僕は危機感を覚えます。子どもたちにオーラルを教えて、テクストを読むことを抑圧するのは植民地における教育の基本です。現地人には宗主国民の発令する指示が理解できて、報告や連絡ができる能力があれば十分である、と。テクストを読む力なんか要らない。というのは、テクストを読む力が身に付くと、植民地原住民の子どもたちの中から、宗主国の植民地官僚や宗主国で食いっぱぐれて植民地に流れ着いた人たちよりも、知的にレベルの高い個体が出現する可能性があるからです。教師のつづりの間違いを指摘したり、教師が読んでいない古典を引用したりする原住民は「絶対に存在してはならないもの」です。だから教育は徹底的にオーラルに特化する。オーラルでコミュニケーションしている限り、ネイティブは好きな時に原住民の発言の腰を折って、首を横に振りながら「発音が違う」とか「そういう言い方はしない」と言って、知的位階差を強調することができます。オーラル中心で語学教育をしている限り、宗主国民の知的優位性は絶対に揺るがない。

でも、原住民にテクストを読む力を与えてしまうと、宗主国民の知的優位は保証されない。だから、テクストはマニュアルや契約書を読めれば十分で、それ以上知的なものを読める力は付けさせない。これは植民地宗主国の言語戦略としては当然そうなるべきものですけれども、問題は日本の教育政策がこれに迎合して、「植民地英語」の習得を優先課題にしてしまったことです。これは明治時代の外国語教育と目指している方向がまるで逆です。明治時代の日本人は「日本人が日本語で世界標準の教育ができる高等教育機関」を作るために全力を尽くしました。でも、今はそれが逆に向かっている。「グローバル化」の度合いが点数化されて、グローバル化度が高い学校には助成金が与えられる。外国人教師が何人いるか、英語で授業で行なわれているクラスがいくつあるか、海外提携校はいくらあるか、留学生を何人受け入れているか、学生たちは何人海外留学しているか……そういうことが評価対象になる。もちろんそういう学校があるのは構いません。でも、すべての大学がグローバル化しろと命じるのは、明治以来の教育史を概観すれば、「植民地教育」に向かって後退しろと言っているに等しい。

海外留学を義務化している大学がたくさんあります。授業料を受け取って、そこから留学先の受け入れ校に幾分か払えば、あとは中抜きできる。教育活動しないで授業料がもらえるのだから大学にとっては悪い話ではありません。でも、それなら2年間留学させたほうがもっと儲かる。人件費は半分で済むし、光熱費も校舎の損耗もトイレットペーパーの減りも半分です。でも、このロジックを突きつめると、学生に4年間の海外留学を義務化させた時に大学の利益は最大化することになる。もうキャンパスも要らない、教職員も要らない。大学そのものも要らなくなる。大学が存在しない時に利益が最大化するのが、

「教育のアウトソーシング」の落とし穴なんです。果たして、そのピットフォールに気づいている大学人がどれくらいいるのか。

日本は急速に植民地化している。僕はそう思います。主権を持たない属国身分に慣れ切っているうちに、植民地人性がいつの間にか内面化してしまった。どこかで踏みとどまって、もう一度国民国家として再建しなければ、どこまでも崩れてゆくと思います。今のスキームはどんどん国力が低下する滅びの道だということを日本国民はもうわかっていいはずです。日本は実質ＧＤＰ成長率（年率換算）ではＧ７の中で最下位です。賃金も２０２2年時点で比較可能な38ヵ国中25位。日本だけが「一人負け」であることが数値的に示されています。これは誰が何と言っても、過去20年の日本の経済政策が間違っていたということを意味しています。

でも、自民党は相変わらず「アベノミクスは正しかった」といって自分たちの誤りを認めようとしない。つまり、これからも円安を追求して、大企業を優遇して、賃金を下げて、非正規労働者を増やして、消費税を上げ続ける……という政策を継続するということを宣言しているわけです。こんな政党にこれ以上政権を委ねていたら、日本は滅びます。一刻も早い政権交代が必要です。政権交代したからと言って、それですぐに日本がV字回復すると思うほど僕は楽観的ではありません。でも、２０１２年の第二次安倍政権以後12年間に自民党が犯した悪事についてはこれを明るみに出して、訴追の必要な事案は訴追して悪質な政治家たちを刑務所に送り込むというかたちで「政界浄化」をすることくらいはできるはずです。政権交代してできた最初の政権に僕が期待するのはそれだけです。「膿を出す」こと。それができたら、外交や財政で何もできなかったとしても、僕はその功績を多とします。長期政権は必ず腐敗します。そして、周囲が腐敗していると、いつの間にか腐敗に与することに何の罪悪感も持たないようになる。そういう政治家たちに「腐敗に与することは間尺に合わない」というベーシックな道徳を教えてやることができたら、政権交代した甲斐はあったと思います。

絶望してあきらめれば事態は悪くなるばかり

山崎　私は一個人として、今の日本社会に問題が山積していることを承知しつつも、決して絶望しないしぶとさを持つことが大事だと考えています。

講演のあとに、聴講者から時々、日本社会はこんなひどい状況なのに、絶望せずにいるためにはどうすればいいでしょう、という相談を受けます。

私が数多くの社会問題を認識していながら絶望せずにいられる理由は、いくつかあります。ひとつは、戦史や紛争史の研究を通じて、過去のひどい時代がどんな風に「よりましな時代」に変わっていったかを知っていること。一部の支配層だけが甘い汁を吸い、大多数の国民をないがしろにするという悪政や暴政の時代が続いても、それらは必ず滅びるというのが、歴史の摂理です。「いずれ今よりましな時代になる」のは確実なんです。

そしてもうひとつは、これも歴史を学ぶ中で身についた視点ですが、未来の日本人が現在の我々をどう見るか、と考えてみる想像力です。

解決の難しい問題が多すぎると、人はしばしば「日本終わった」などと言って対処を諦める誘惑に駆られますが、でも事態がどれほど悪化しても現実は「終わらない」。対処しなければ、さらに悪くなっていくだけです。30年後や50年後の日本人が、２０２０年代の日本社会を歴史として見た時、「あの時代の日本人はなぜ社会の崩壊を止めなかったのか」と疑問に思うでしょう。

そして「あの時代の日本人が社会の崩壊を止めなかったせいで、今の我々はこんなひどい境遇で暮らす羽目になったのだ」と、怒りを覚える人もいるかもしれません。そんな風に想像すると、あきらめはただの「逃げ道」であって、のちの世代に対して無責任な選択肢だと気づきます。

選挙が何度繰り返されても、構造的な問題は何一つ変わらない。社会のあらゆるところに、理不尽な不正や横暴な力による支配が存在している。だから仕方ない、状況は変えられないのだとあきらめ、大勢に従う。そんな大人が多すぎることが、今の日本を三流腐敗国家にしてしまったように思います。

でも、人間がつくった社会構造は、必ずいつかは変わります。絶対王政も、奴隷制も、アパルトヘイトのような人種差別政策も、同時代で抑圧された側の人々の目には、絶望的な制度だと映っていたはずです。でも、今はどれも残っていません。社会の変革は、自然な形でどんな場所でも発生します。

だから、どれだけ絶望的に思える状況であっても、あきらめないしぶとさと知恵を持つ。そんな風に考える人間が一定数存在する限り、不正や横暴がはびこる社会も遅かれ早かれ改善の方向へと向かうはずです。

内田　僕もまったく同じ意見です。人類の文明は「三歩進んで二歩半下がる」ということの繰り返しです。でも、本当にちょっとずつなんだけれども、総体としては進歩している。もう奴隷制度や人種差別や拷問を合法的に行なっている国はなくなりました。もちろん、隠れたかたちでの人種差別や性差別や国家による暴力は存在しますけれど、それを堂々と胸を張って、国際社会に公言することははばかるようになった。女性参政権だってもうバチカンを除いて世界中の国で認められています。人類はちょっとずつですけれど「まともな方向」に向かっていると僕は思っています。

山崎　この対談では、深刻な社会の病理をいくつも取り上げてきましたから、読んで気が滅入《めい》った人も多いかもしれません。それでも私たちは現実をあきらめない往生際の悪さを持たないといけない。従順であきらめがいい人ばかりでは、社会は現状維持すらできず、さらに悪化する時期が続いていきます。

本来、人間はそうした強さを備えているはずなのに、学校システムや会社システムなどの社会システムの中で、少しずつ削られてしまう。これも深刻な問題です。学校とは本来、自分が置かれた境遇についても批判的な視点で観察できる能力を育む場所であるはずが、日本の小中学校は諸外国と比較して、子どもに批判的視点を教える授業が著しく少ないとの調査報告（ＯＥＣＤ「国際教員指導環境調査」２０１８年版）もあります。

その結果、子どもが大人になる頃には思考が受け身になり、自分は決まったことに従う立場だ、という思い込みに囚われて、理不尽には反抗するという人間の自然な能力を失ってしまうようです。これは、主体性を持つ個人を従順な下僕に変えてしまう精神改造のプロセスです。子どもは、自分の思考力が学校で削られていると感じたら、そこから逃げることも選択肢にしてほしい。そう思います。

三流腐敗国家の悪政は必ず滅びる

内田　「三流腐敗国家」という表現はまさに今の日本を的確にあらわしていますが、何が三流かというと政治指導者のクオリティが三流だということです。1960年代から80年代の自民党政権時代を僕は記憶しています。学生時代にベトナム反戦から始まって、大学そのものの存立の意義を問う運動をしていたわけですけれども、最終的にはぼろ負けした。学費値上げや、キャンパスの郊外移転とかで切り崩されながら、「この腹黒いオヤジたちには歯が立たないなぁ」としみじみ感じた。悔しいけれど、学生たちより頭がいい。どうやったら学生たちや労働者を黙らせて、統治コストをカットするか、知恵を絞っていた。

　今でも忘れがたいのは、新潟出身の学生二人が、ひとりは元赤軍派でひとりは元革マルの活動家だったんですけれど、就職が決まらなく困っていたら、父親が「角栄《かくえい》さんに頼め」と言うので、田中《たなか》角栄に会いにいったら「若いもんは革命をするくらいの気概がなきゃいかん」と笑って就職先をすぐに紹介してくれたという話を当人から聴いたことです。これは勝てないと思いましたね。でも、こういう「悪いオヤジ」たちが政治を仕切っている限り、日本はそれほど悪いことにはならないだろうとも思った。それなら、政治はこの「悪いオヤジ」たちに任せておいて、オレらは好きなことをやろうと、とことん非政治的になっていたのが80年代90年代です。その時期には僕も周りの人間もぜんぜん政治に興味がなかった。でも、「政治に興味がなくいられる」というのは、国民としてはある意味で幸福なことかもしれません。

そんな非政治的だった僕が急速に政治化したのは、為政者の質がだんだん劣化してきたことがわかったからです。「こんな人たち」に日本の政治を任せていたら「とんでもないこと」になる。偉そうにしているんだけれど、中身がないことが透けて見える。

山崎　ある程度社会経験を積んでいくと、誰でも気づくと思いますが、中身がない人、自分の能力や実力に自信がない人ほど、やたらと居丈高《いたけだか》な姿勢で偉そうに振る舞い、役職などの権威を振りかざし、相手を恫喝して萎縮させようとします。でも自分の能力に自信がある人は、そんなことをする理由がありません。

武道の達人もそうだと思いますが、本当に強い人は、自分を強そうに見せる必要がないんです。自分を強そうに見せなければならない、という意識に囚われるのは、内心で自分のことを「本当は強くない」と気づいている人です。相手と対等に接すれば、自分の能力不足を見透かされる。そんな恐れから先手を取って心理的優位を確保しにいく。いわゆる「マウンティング」です。

他人をマウントしにいく人は、自信がないからじつは脆い。強権的に振る舞う政治家は、みんなこれです。だから過剰に恐れる必要もない。遅かれ早かれ、悪政は必ず滅びます。それが歴史の理《ことわり》ですから。

内田 「鼓腹撃壌《こふくげきじょう》」の逸話が教えるように、統治されていることに国民自身が気がつかず、「政治はオレの人生に何の関係もないよ」とうそぶくようなのが「一流腐敗国家」なんです。政治的イシューがまったく前景化してこないというのが「よくできた独裁制」です。今の日本は「三流腐敗国家」です。これはただ「あらゆる組織は株式会社のようにトップダウンで編成されるべきだ」という新自由主義者たちの思い込みが支配的になったせいで、本来金儲けのために存在するわけではない行政も司法も行政府のトップの指示に従わなければならないとみんな信じるようになったことで出現した政体です。

三流腐敗国家の困ったことは、教育も医療も家族制度も性自認も、あらゆる問題が政治化して、党派的な文脈でしか論じられないことです。専門家が専門的知見に基づいて、クールかつ非政治的に管理すべきさまざまな組織や活動が「政治的勝者」の恣意に従って、彼らに利益をもたらすように作り替えられている。これは国民としては本当に不愉快な話です。

為政者が一流な国では国民は政治のことはあまり心配しなくて、「おまかせ」で済む。為政者が三流だと、朝から晩まで政治のことばかり考えて、これ以上日本が悪くならないようにじたばたしなければならない。

山崎さんだって、ご自身の歴史研究に没頭したいはずだし、僕だって能楽の稽古と武道の稽古をして時々フランス語の本を読むだけなら気楽なんですけれど、それが許されない。「こんな本」を出さなければいけないというのも、迷惑と言ったら迷惑な話なんですよね。

おわりに

尊敬する内田樹《うちだたつる》さんとは、今までに何度か対談イベントなどでご一緒させていただき、私が被告となった裁判（作家の竹田恒泰《たけだつねやす》が、彼を批判的に論評した私のSNS投稿を「名誉毀損」として提訴）で全面勝訴したあとには、さまざまな形で法廷闘争をバックアップしてくださった内田さんとの対談内容がブックレットとして刊行されましたが、本格的な対談本の企画は今回が初めてで、とてもエキサイティングな経験でした。

２０１５年に初めてお目に掛かるまで、一読者として内田さんのご著書を愛読していた私にとって、このような機会はとても貴重なもので、内田さんのご自宅で行なった2回の直接対談とオンラインでの追加対談では、適度に緊張しつつ、ふだんよりも頭のエンジンの回転数を上げる感じで、率直に自分の考えを述べることができたと思います。

対談の内容は、日本国内と国際社会でのさまざまな問題についての分析と評価で、結論の部分では多くのトピックで内田さんと一致する形となりましたが、本書をお読みいただければ、そこに至る思考のプロセスや着眼点には、別々の道を歩いて同じ山の頂《いただき》へと登っているかのような「風景の違い」があることに気づかれたかと思います。

また、対談の内容を本としてまとめるに当たり、個々の論旨がより明確に読者へ伝わるよう、内田さんと私が校正の段階で説明や情報を付け加えた箇所もあります。対談本の目的とは、語られた発言の忠実な書き起こしではなく、発言に込められたメッセージを効果的に読者へと届けることなので、こうした加筆作業も慎重かつ入念に行ないました。

本書で取り上げたトピックは、大半が日本国内の政治問題や社会問題ですが、これらはすべて、我々市民の暮らしに直接関わるものです。対談では、問題点の存在を指摘するだけでなく、なぜそのような問題が生じているのかという背景や原因にも目を向けて、構造を多面的かつ俯瞰的に観察し理解できるような説明を心掛けました。

昨年末に上梓した『底が抜けた国』（朝日新書）でも詳しく読み解きましたが、現在の日本社会はこの国の歴史において、きわめて異常な状況にあるように思います。倫理や節度の底が抜け、良識のタガが外れたような事態が、社会のあらゆる領域で連鎖的に発生しています。こうなると、改善すべき問題点があまりにも多すぎて、どこから手をつけたらいいのかと途方に暮れてしまい、対処をあきらめる心境に陥りそうになります。

けれども、本書の対談でも述べた通り、あきらめは問題の解決にならないばかりか、さらなる状況の悪化を加速させる効果を生み出します。現状が続いても構わないという意図で「社会を変えることなんてできっこない」とあきらめる人が多いかもしれませんが、これは大きな勘違いです。政治の腐敗や社会の倫理的堕落に対処せずに放置すれば、現状の維持すらできず、腐敗と堕落をさらにエスカレートさせる展開をもたらします。

われわれ日本人は、いつからか、こうした「あきらめへの誘い」をシャワーのように浴びる環境に置かれてきました。お前が何をどうがんばっても、社会なんて1ミリも変わらない、だからあきらめろ、あきらめて現状の秩序に適応して上位者に従え。そんな「声」があらゆる方向から聞こえて、孤立感や無力感を植え付けられる。私の経験から言うと、1980年頃からこうした風潮が日本で少しずつ強まってきたように思います。

つまり今の日本社会の閉塞的な状況は、国民が40年以上にわたって浴びせられ続けた「あきらめへの誘い」が生み出した産物です。真面目に働く国民が馬鹿を見て、汚い手を使う者ばかりが巨万の富を得るような、この社会の嫌な流れを減速させ、やがて逆転させるには、「あきらめの拒絶」という反抗的な気構えを取り戻すことが必要です。

気構えとは、ただの「思考」とは違う、誇りある人間としてのしぶとさのことです。

本書が、そうした気構えを取り戻すヒントを読者に提供できれば幸いです。

最後になりましたが、大変興味深いお話をたくさん聞かせてくださった内田樹さんと、本書の編集を担当してくださった祥伝社の木村圭輔さん、構成の阿部花恵さんに、心からのお礼を申し上げます。

２０２５年１月

山崎雅弘

切りとり線

★読者のみなさまにお願い

この本をお読みになって、どんな感想をお持ちでしょうか。祥伝社のホームページから書評をお送りいただけたら、ありがたく存じます。今後の企画の参考にさせていただきます。また、次ページの原稿用紙を切り取り、左記まで郵送していただいても結構です。

お寄せいただいた書評は、ご了解のうえ新聞・雑誌などを通じて紹介させていただくこともあります。採用の場合は、特製図書カードを差しあげます。

なお、ご記入いただいたお名前、ご住所、ご連絡先等は、書評紹介の事前了解、謝礼のお届け以外の目的で利用することはありません。また、それらの情報を6カ月を越えて保管することもありません。

〒101－8701（お手紙は郵便番号だけで届きます）
祥伝社　新書編集部
電話03（3265）2310
祥伝社ブックレビュー　www.shodensha.co.jp/bookreview

★本書の購買動機（媒体名、あるいは○をつけてください）

＿＿＿新聞の広告を見て	＿＿＿誌の広告を見て	＿＿＿の書評を見て	＿＿＿の Web を見て	書店で見かけて	知人のすすめで

★100字書評……動乱期を生きる

名前

住所

年齢

職業

内田 樹　うちだ・たつる

1950年東京都生まれ。思想家。神戸女学院大学名誉教授。東京大学文学部仏文科卒業、東京都立大学大学院人文科学研究科博士課程中退。専門はフランス現代思想、武道論、教育論。神戸市で哲学と武道のための私塾「凱風館」を主宰。著書に『日本辺境論』(新潮新書) ほか多数。

山崎雅弘　やまざき・まさひろ

1967年大阪府生まれ。戦史・紛争史研究家。主な著書に『詭弁社会　日本を蝕む“怪物”の正体』(祥伝社新書)、『底が抜けた国　自浄能力を失った日本は再生できるのか？』『第二次世界大戦秘史』(ともに朝日新書)、『未完の敗戦』(集英社新書) など。
Twitter (現X) アカウントは、@mas__yamazaki

動乱期《どうらんき》を生《い》きる

内田《うちだ》 樹《たつる》　山崎雅弘《やまざきまさひろ》

2025年 3 月10日　初版第 1 刷発行

発行者………………辻 浩明
発行所………………祥伝社しょうでんしゃ
〒101-8701　東京都千代田区神田神保町3-3
電話　03(3265)2081(販売)
電話　03(3265)2310(編集)
電話　03(3265)3622(製作)
ホームページ　www.shodensha.co.jp

装丁者………………盛川和洋
印刷所………………萩原印刷
製本所………………ナショナル製本

Printed in Japan　ISBN978-4-396-11710-8　C0231

〈祥伝社新書〉
歴史に学ぶ

366
はじめて読む人のローマ史1200年
建国から西ローマ帝国の滅亡まで、この1冊でわかる！
東京大学名誉教授 本村凌二

463
ローマ帝国 人物列伝
賢帝、愚帝、医学者、宗教家など32人の生涯でたどるローマ史
本村凌二

168
ドイツ参謀本部 その栄光と終焉
組織とリーダーを考える名著。「史上最強」の組織はいかにして作られ、消滅したか
上智大学名誉教授 渡部昇一

379
国家の盛衰 3000年の歴史に学ぶ
覇権国家の興隆と衰退から、国家が生き残るための教訓を導き出す！
渡部昇一 本村凌二

684
アイヒマンと日本人
命令されるがままにナチスのユダヤ人大量虐殺を加速させた男の罪
戦史・紛争史研究家 山崎雅弘

〈祥伝社新書〉
歴史に学ぶ

545
日本史のミカタ
「こんな見方があったのか。まったく違う日本史に興奮した」林修氏推薦
国際日本文化研究センター所長 井上章一
東京大学史料編纂所教授 本郷和人

588
世界史のミカタ
「国家の枠を超えて世界を見る力が身につく」佐藤優氏推奨
井上章一
小説家 佐藤賢一

630
歴史のミカタ
歴史はどのような時に動くのか、歴史は繰り返されるか……など本格対談
井上章一
国際日本文化研究センター教授 磯田道史

698
鎌倉仏教のミカタ
定説と常識を覆す
歴史学者と宗教学者の白熱対談。この見方を知れば、日本史が面白くなる！
本郷和人
作家、宗教学者 島田裕巳

697
新・世界から戦争がなくならない本当の理由
ロシア・ウクライナ戦争、イスラエルとハマスの戦闘ほか最新情報を加えた決定版
ジャーナリスト 名城大学教授 池上　彰

〈祥伝社新書〉
経済を知る

111
超訳『資本論』
貧困も、バブルも、恐慌も——マルクスは『資本論』の中に書いていた！
神奈川大学教授 **的場昭弘**

343
なぜ、バブルは繰《く》り返されるか？
バブル形成と崩壊のメカニズムを経済予測の専門家がわかりやすく解説
経済評論家 **塚崎公義**

390
退職金貧乏 定年後の「お金」の話
長生きとインフレに備える。すぐに始められる「運用マニュアル」つき！
塚崎公義

655
知らないとヤバい老後のお金戦略50
悲惨な老後を避けるため、お金の裏ワザを紹介！
経済評論家 **荻原博子**

695
なぜマンションは高騰しているのか
誰が超高級マンションを買っている？　不動産から日本社会の変化を考察する
不動産事業プロデューサー **牧野知弘**

〈祥伝社新書〉
経済を知る

498
総合商社
その「強さ」と、日本企業の「次」を探る
なぜ日本にだけ存在し、生き残ることができたのか。最強のビジネスモデルを解説
専修大学教授
田中隆之

650
なぜ信用金庫は生き残るのか
激変する金融業界を徹底取材。生き残る企業のヒントがここに！
日刊工業新聞社千葉支局長
鳥羽田継之

625
カルトブランディング
顧客を熱狂させる技法
グローバル企業が取り入れる新しいブランディング手法を徹底解説
マーケティングコンサルタント
田中森士

636
世界を変える5つのテクノロジー
SDGs、ESGの最前線
2030年を生き抜く企業のサステナブル戦略を徹底解説
ベンチャー投資家・京都大学経営管理大学院客員教授
山本康正

660
なぜ日本企業はゲームチェンジャーになれないのか
——イノベーションの興亡と未来
山本康正

〈祥伝社新書〉
令和・日本を読み解く

683
闇バイト
凶悪化する若者のリアル
犯罪社会学の専門家が当事者を取材。身近に潜む脅威を明らかにする
犯罪社会学者
廣末 登

622
老後レス社会
死ぬまで働かないと生活できない時代
「一億総活躍」の過酷な現実と悲惨な未来を描出する
朝日新聞特別取材班

676
どうする財源
貨幣論で読み解く税と財政の仕組み
「日本は財政破綻しませんし、増税の必要もありません。なぜなら──」
評論家
中野剛志

666
スタグフレーション
生活を直撃する経済危機
賃金が上がらず、物価だけが上昇するなか、いかにして生活を守るか
経済評論家
加谷珪一

696
詭弁《きべん》社会
日本を蝕む〝怪物〟の正体
近年の政治における詭弁をさまざまな角度から分析・検証する
戦史・紛争史研究家
山崎雅弘